JN068080

尾見康博
島津由以子
丑丸直子

# 「使える英語」はなぜ身につかないか

英語4技能の文化的なハードル

金子書房

# はじめに

2019年11月，大学入試に関する大きなニュースが報じられました。大学入試センター試験の後継として位置づけられる大学入学共通テストの目玉の一つ，英語民間試験を活用するという方針が延期されることになったのです。そもそも，大学入試センター試験では英語の4技能（聞く，話す，読む，書く）のうち，とりわけ「話す」「書く」について測れない，ということから，大学入学共通テストへの衣替えを機に，複数の民間団体が実施している試験の活用が検討されていました。原則として，4月から12月までの期間に所定の手続きを経て受験した2回以内の民間試験の成績が活用され，その結果が英語の成績に反映されるというものでした。入試本番1年2か月前という段階での方針の変更はきわめて異例で，大きな社会問題にもなりました。

日本人の英語力が低いと嘆く声はずいぶん前からよく耳にします。とくに4技能のうち，リスニング（聞く）とスピーキング（話す）が試される実際のコミュニケーション場面で，自分が話す英語が相手にまったく伝わらなかったり，相手が話す英語がさっぱりわからなかったりして，学校で学んできた英語に疑問や不満を感じる人もいるでしょう。何度も徹夜して多くの英単語を暗記したのに，難しい文法や構文を苦労して覚えたのに，長文読解の問題を数多くこなしたのに，という思いがその背景にあるかもしれません。そこで「学校で学ぶ英語は使えない。もっと使える英語を教育すべき」という発想にいたるのはわからないわけではありません。ただ，そのときの「使える英語」とはいったいどのような英語でしょうか。英語の4技能をどのように教育すれば身につくのでしょうか。

本書では，英語4技能がいかなるものかを，アメリカの学校でそれらがどのように教えられているのかという観点から述べていきます。アメリカの教室での具体的な教え方，学び方の実践に焦点をあてることにより，日本人にとっての英語学習や英語教育，そして英語4技能を相対的にとらえることがねらいです。そして，アメリカの学校における非英語話者に対する英語の授業場面を中心に例示しつつも，英語以外の授業や学校以外の場面も紹介します。具体的な場面を想像していただき，日本人がそのような場面でスムーズに英語を学んでいくことができるかどうかを考えていただきたいと思います。そのことによって，「使える英語」を身につけることがいかに容易ではないのかが具体的に理解していただけるのではないかと考えています。一方で，どのような工夫をすれば「使える英語」が身につくのか，読者の方々にも思いをめぐらしていただきたいとも考えています。筆者たちなりの答えは本書で紹介していますが，必ずしも万人にあてはまるものではありませんし，工夫の余地は大いにあるでしょう。

筆者の三人はそれぞれ，尾見が教育心理学や文化心理学を専門としている研究者，島津がアメリカの公立小学校のESL（English as a Second Language）の教諭であり，丑丸がやはりアメリカで翻訳，通訳などを仕事としています。三人とも英語教育学を専門とする研究者ではありません。したがって，本書では英語教育学で積み重ねられてきた論点について扱っているわけではありませんし，英語教育学の研究者から見れば賛同できない点もあるかもしれません。他方，本書には筆者たちの経験を活かして，アメリカの公立学校で実際に繰り広げられている非英語話者に対する授業およびその周辺の実践例が豊富に盛り込まれており，英語圏の国や地域への留学やサバティカルを控えている人々，とくに子ども連れで渡航しようと予定している家族にとっては身近で有用な内容といえるかもしれません。

ことばと文化は分かちがたいと理屈でわかっていても，やはりいざ自らの目の前にそれが立ち現れると，大いに戸惑ったりしんどい思いをしたりするものです。本書ではそのような現実の問題にできるだけ実践的な観点で向き合うために「恥の文化」「集団主義」といった大くくりのことばではなく，個別的で具体的な事例にこだわりました。その意味では，本書を英語学習・英語教育についての現地レポートとして参考にしていただけるとありがたいです。

筆者を代表して　尾見康博

# 目　次

装幀・本文イラスト　岡田真理子

1章

# アメリカ人が学ぶ「英語」

尾見康博　島津由以子

## 1　アメリカでの学校体験

私は，2009年4月から2年あまり，アメリカのマサチューセッツ州に家族4人で滞在する機会を得ました。娘が日本の小学校を卒業し息子が小学2年生を修了した直後でした。当時，2人とも英語はあいさつ程度のやりとり以外はほぼしゃべれず，聞き取れずという状態でした。本章で紹介するアメリカの授業風景は，2人の子どもが通う公立学校の行事に保護者として参加したり授業を参観したりした経験や，私の子どもやその友人，保護者，および校長をはじめ何人もの先生から聞いたりした話をもとにしています。また，現地滞在中から私が心理学者であると学校に伝えていたので，その立場からもさまざまな話を聞いたり，授業を見させていただいたりしました[1]。

アメリカの学校は日本以上に多様であり，これから紹介するいくつかの事例をもって単純な日米比較をするつもりはありませんし，どちらの教育が優れているかを評価するつもりもありません。また，私が見聞きした学校には，基本的にミドルクラスの家庭の子どもが通っていて，相対的に教育熱心な保護者が多かったと考えられます[2]。アメリカでは公立私立を問わず，学校評価が民間のウェブサイトで閲覧でき，なかには国単位，州単位，町単位でのランキングまで見られるサイトもあります。この評価は，いわゆる学業成績だけでなく，教師ひとりあたりの児童生徒数や，低所得の家庭やマイノリティの家庭の学業成績といったさまざまな側面からなされています。私の子どもたちが通った公立の学校のランキングは割と上位でしたし，その他，私が訪れた学校はいずれもどちらかといえば上位にランキングされていました。とはいえ，これらの学校でことさらに特別な教育が試みられていたわけ

---

1　子どもたちが通った学校以外の公立学校にもうかがいましたし，帰国してからも何度か足を運んでいるので，滞在中の経験のみに基づいているわけではありませんが，私が現地の学校から受けた衝撃（カルチャーショック）のほとんどすべては滞在中に経験したものです。

2　貧困地区の公立学校の様子については赤木（2017）が参考になります。

ではありませんし，アメリカの公立学校をまったく代表しないとは思えません。

以上をふまえたうえで，本章の1～3節では，アメリカの現地の学校で「英語」の授業がどのように展開されているかについて，私のカルチャーショック経験を軸に，具体的事例を紹介することで，日本での英語教育のあり方についてリアルにイメージするためのきっかけを提供しようと思います。これらの事例は，英語教育にとどまらず，日本の学校教育のあり方そのものを俯瞰的にとらえるのにも都合がよいと考えています。

なお，アメリカでは学校制度も州や学校区によってまちまちです。とはいえ，初等中等教育が合計12年であり，この間は公立であれば公費によって賄われているというのは共通しています。また，日本とは異なり，学校種が変わっても学年を1年から数え直すことはせず，たとえば，7年生とか，12年生と呼ばれます。

私は人口35,000人ほどの町に住んでいましたが，その町では，1～4年が小学校，5～6年と7～8年で二つの独立したミドルスクール，9～12年が高校となっていました。小学校は町に4校ありましたが，ミドルスクール以降は町に一つしかなく，5年生からは町の同級生全員（約450人）が一つの学校に集まっていたことになります。また，マサチューセッツ州の場合，学年の始まりは9月1日前後であり[3]，私の子どもたちの誕生日はいずれも10月だったので，日本で6年生を終えたばかりの娘は現地の6年生，2年生を終えた息子は2年生に編入しました。そして，娘の学年には娘以外の日本人はおらず，息子の学年には現地で育った日本人が1人だけいました。それぞれの学校に通う子どもたちの民族構成は，白人がマジョリティで，アフリカ系黒人は少なく，中国とインドを中心にアジア系が2～3割，ヒスパニック系が1割程度でした。

（尾見）

[3] ちなみにマサチューセッツ州の場合，年間授業日数が180日以上となっており，学年末は6月の中旬でした。2か月半という長い夏休みにもかかわらず，夏休みが学年をまたぐこともあり，宿題はありませんでした。

## 2 ユルく楽しく

### (1) 教室の床に寝そべっての読書

2010年11月，小学4年生の息子のクラスに一日参加させてもらったときの話です。その時間は英語（ELA：English Language Arts）のリーディング（Reading）の時間でした。先生が授業の冒頭に簡単な説明をした後，すべての子どもが自分の席を離れあちこちに移動を始めたのですが，なんと，クラス22人の中の何人もがそれぞれに一冊の本をもって床に座ったり寝そべったりし始めました。たしかに教室の一部にはカーペットが敷かれていて，寝そべるのに好都合とはいえます。そうとはいっても，子どもたちが教室のあちらこちらで，あまりにリラックスした体勢でそれぞれ本を読み始めたのです。その光景は，日本人[4]の目から見ると「授業」とはほど遠く，せいぜい休み時間にしか見えません。いや，休み時間であったとしても，日本の学校だったら，教室の床に寝そべることはもちろん，床に座ることを注意する先生も多いことでしょう。

他方，担任の先生のまわりには4人の子どもが集まって同じ本を使った授業が展開されていました。また，教室の外では机を挟んでマンツーマンの授業も展開されていました。要するに，リーディングのスキルに応じて習熟度別の授業が並行して実施されていたわけです。あとで聞いたところ，教室の外で教えていたのはボランティアの保護者だということでした。そして，日本人から見るともっとも「お行儀の悪い」子どもたちはもっともスキルの高い子どもたちでした。彼らは，個々のスキルに応じて，それぞれに少しずつ難しい本にチャレンジしていたのです。本を読む姿勢や体勢は個々のスキルというより，好みに応じて，ではありましたが。

---

4　より厳密にいえば「日本で育った日本語を母語とする者」となりますが，以下，本書では便宜的に「日本人」とします。

### (2) リラックスを重視する

このときにかぎらず，「お行儀」という意味では，授業中，いつ先生に注意されるかとヒヤヒヤする場面に何度も遭遇しました。たとえば，先生がクラス全体に説明しているときに，机に肘をついてあごを手のひらで支えるような姿勢で話を聞く，といったことです。しかし，少なくとも話を聞く姿勢がよくないことが原因で子どもたちが先生から注意を受けるのを見たことはありませんでした。

また，小学校では，1年生から4年生まですべての学年で，10時頃に10分のスナックの時間があり，その時間は自宅から持ってきたお菓子やフルーツを食べていました。そして，自分の席に座って食べる子もいれば，教室のあちこちに移動し，なかにはやはり床に座って食べる子もいたのです。

リーディングの授業以外でも，40分の授業[5]の間ずっと自分の席に座っているのはむしろ少ないくらいで，理科（Science）の授業では，後半の半分の時間はカーペットで車座になることがありましたし，社会（Social Studies）の授業では独立戦争のロールプレイングをしたりすることがありました。個別対応の必要な子どもが授業の途中で抜けたり入ったりというのも頻繁に見かけました。

ほかにも，4年生の音楽（Music）の授業では，ホワイトボードの上にある紙製の草むらに隠れている紙製のバッタが子どもたちをほめることになっていたり，5年生（ミドルスクール1年目）の体育（Physical Education）の授業では，直径2メートルはあるようなゴム製のボールを使って，緩いルールの下で「バレーボール」をしたりと，日本でいうところの実技科目はずいぶんと幼稚な印象を受けました。

このように，私が見学した学校では子どもたちが授業時間中に飽きないた

---

5　とはいえ，小学校の場合，各授業の終わりの時間は担任のその場の判断で臨機応変に変えられていました。トイレのための休み時間という発想がないこともその背景にあるのかもしれません。ちなみに，ミドルスクールでは休み時間が教室移動のための時間となっていたために，娘はトイレに行くタイミングがわからず，かといって授業中に挙手してトイレに行くこともできず，転校して一か月もの間トイレに行けませんでした。

めのしかけがいくつも用意され，決まりごとは緩いものでした。子どもたちが集中して授業に臨むためにはリラックスできることが大事だという発想は，授業中に姿勢が悪いとか聞く態度がよくないとかでたびたび注意されていた日本人の私にはなかなか理解しがたいことでもありました。そのなかでも最も理解できなかったのは，MCASといわれるマサチューセッツ州の共通テストの際に，子どもたちがガムを噛むのを特別に認める先生がいるということでした。アメリカでは確かにガムを噛むことはリラックスする，集中力が強化されるといわれ広く受容されていて，メジャーリーグの試合などでは噛んでいない選手のほうが目立つくらいだと思います。しかし，いくら広く認められているとはいえ，重要な試験の時にのみ認められるというのもどうかと思ったものでした[6]。

### (3) 授業を楽しむ

リラックスの重視もさることながら，アメリカの学校でもう一つ，日本人の目から見て驚きなのが，楽しむことの重視です。とりわけ度肝を抜かれたのが「パジャマ・デー（Pajama Day)」という行事でした。4月に現地の学校に通い始め，5月の早々に娘の学校でパジャマ・デーがあるというお知らせを受け取ったときには，妻と二人でうろたえ，これはいったいどのくらいの冗談なのかとインターネットで必死に調べたことを覚えています。いくつかのウェブサイトには，「パジャマ・デー」には本当にパジャマで登校すると書かれており，写真まで掲載されていました。最終的には妻が担任の先生にEメールでどういう行事なのかと質問し，本当にパジャマで登校する日であること，ただし，本人の意志次第でパジャマでなくてもよいこと，女子は一般的にパジャマ登校が多いことがわかり，それなら当時6年生（ミドルスクール2年目）の娘もパジャマを着て登校したらいいだろうということになりました。しかし，まだ日本の小学校から転入して一か月ばかりの娘には

---

6　2019年7月時点でもやはりストレス軽減のために試験中にガムを噛むのを認めている先生がいるようです。

かなり違和感があったらしく，当日の朝「どうしよう」「ジャージじゃ，ダメなの？」とふん切りがつかずにいました。当時，娘は親が運転する車で登校していたので，学校で車を降りる場所に近づけばほかの子たちの様子もわかるだろうと，どちらにでも対応できるような作戦で学校に向かいました。パジャマが多数派であることを確認した娘は結局パジャマ姿で車を降りたのでした。驚くべきことに，先生のなかにはパジャマで授業をするにとどまらず，大きな枕や，ふだん枕元においているぬいぐるみまで持ってきている強者（!?）もいるということでした。

パジャマでの登校

さらに，娘の通うミドルスクールでは，学年の終わりが見えてくる4月に，お楽しみ週間ともいうべき一週間[7]があり，娘が7年生のときには，月曜日が「狂気の月曜日（Madness Monday）」，火曜日が「チーム・テーマ・デー（Team Theme Day）」，水曜日が「キャラクター・デー（Character Day）」，木曜日が「スピリット・デー（Spirit Day）」，金曜日が「チーム・カラー・デー（Team Color Day）」となっていました。各曜日のタイトルにあわせて，チーム（日本でいうクラス）で相談して，具体的にどのような出で立ちで登校するかを決めるというもので，パジャマ・デーで十分過ぎるくらいに驚いた私たち家族にとって，まだまだ自分たちは甘い（！）と思わせるほど強烈な行事でした。

[7] 英語ではSpirit Weekと呼ばれており，「お楽しみ週間」という訳は不適切かもしれませんが，私にはそのようにしか見えませんでした。

ネクタイを頭に巻いての登校

ちなみに，娘のチームは，狂気の月曜日に「①トップスは前後あるいは上下逆さまに着る，②ボトムスはズボンの上にスカート，あるいはズボンを二重，③靴下をズボンの上に出す，④靴下と靴は左右でそろえない，それからなんと，⑤ネクタイを頭に巻く」というルールにしており，もちろんこれも本人の意志次第でしたが，多少適応してきた娘は，私にネクタイを貸すよう求めるなど，積極的にこの行事に参加しました。ほかの曜日も付け加えると，チーム・テーマ・デーは，「古代ローマの衣装トーガ」，キャラクター・デーは小説や映画にもなったハリー・ポッターシリーズの主人公「ハリー」，スピリット・デーはその町の色である青か金のいずれかということで「青」，最後のチーム・カラー・デーは「金（実際は黄色が多い）」に決め，娘もそれらにあわせて登校していました。なんと，狂気の月曜日は担任の先生もネクタイを頭に巻きながら授業をしたそうです。

パジャマを着たくなければ着なくていい，テーマにあわせた服を着てこなくてもいい，とし，それを選ぶ個人に同調を迫ったりせずに尊重する個人主義，他方で，学校に登校する出で立ちとしては，それこそ狂気としか思えないパジャマや奇妙な格好で授業を受ける子どもたちと，同じような格好をしてしまう先生，という愉快な集団主義[8]。その両面をあらためて見せつけられた一週間でした。

8　アメリカは個人主義，日本は集団主義だと対比的に論じられることがありますが，アメリカにも集団主義的な側面が見られますし，日本のほうが個人主義に見えるような側面もあります（Omi, 2012 参照）。

リラックスすることにしても楽しむことにしても，国語や英語の問題とは直接関連するわけではありませんが，学校の授業に対する向き合い方なり背景を考えるうえで無視できないと思い，あえて紹介しました。　（尾見）

## 3　その子しだい

### (1) 読んだ本をクラスメイトに推薦する

息子が4年生のときです。各自で一冊の本を選びその本の推薦文を書き，口頭でクラスメイトに推薦するというプロジェクトがありました。本を選ぶのが5月13日で，31日には読み終え，6月7日に要旨を書き上げ，6月9日に発表および推薦文提出という全体で4週間のスケジュールが組まれていました。

ここでまず注目したいのは，読書感想文ではなく推薦文であるということです。つぎに，文章を書くだけでなくクラスメイトの前で発表するということです。この推薦文プロジェクトは，各自でこれぞと思う本を自由に選ぶことになっており，はじめから課題図書の指定がある，あるいは数冊のなかから選ぶことが多い日本の読書感想文とはそれだけでずいぶん異なります。また，ライティング（writing）とスピーキング（speaking）という二種類の手段で表現することを求めているという点でも日本人にはあまりなじみがないと思います。書くのは得意だけれども話すのは苦手という人もいれば，その逆もいますし，当然のことながら，この二つのスキルの習得には関連する部分も大きい一方で，異なるノウハウがあり，学習法があります（2章以降参照）。さらにいうなら，このプロジェクトは，推薦する前に当然本を読む必要があるのでリーディング（reading），クラスメイトの発表を注意深く聞く必要もあるのでリスニング（listening）のスキルの学習にもなり，4つの技能すべてをうまく網羅するものであることがわかります。

そして，子どもたちが独自に選んだ本の推薦であることから，この課題で求められていることは，クラス全体での共通の本の感想ではありません。推薦者が読み手や聞き手に本の内容を説明し，なぜ推薦できるかをていねいに説得する必要があり，感想文とは違った表現形態を取ることになります。

ここまでの話でも私には十分驚きだったのですが，もっと驚いたことがありました。実は，この課題に取り組む際，息子が現地で生活しはじめて1年程度の外国人だということもあり，そもそも本を選ぶのに苦慮したらしいのです。そこで担任の先生は，日本の歴史小説の英訳版を日本人である息子に紹介したのです。息子もそれを一旦は受け入れたのですが，実際にその本を読んだところ，息子にとっては非常に退屈だったようで，それを正直に先生に伝えたのです。すると，なんと，「推薦したくないならそれでかまわない。ただし，その理由をきちんと伝えること」と言われたというのです。

たしかに，読んだことのない本であるなら，かりに自分で選んだ本だとしてもつまらないと感じる可能性はあるわけで，つまらないと感じた本を推薦するというのは，むしろ不自然なわけです。このときの課題の真のねらいが「説得文（Persuasive Essay）を書くこと」であったことも，そのように考えるとよくわかります。

感想文であっても，対象の本を読んでおもしろくなかったということは十分ありえます。ただし，感想の場合，そのおもしろくなさを説得する必然性はそれほどありません。一方，推薦するとか推薦しないという営みは明らかに他者に影響を与えたいという意志が組み込まれています。推薦するかしないかという前提があるからこそ，説得する必然性が生じるわけです。そして，そのことと関連して，感想文に比べて推薦文は，読み手に理解してもらい，納得してもらう必要があるという点で，認知的側面への働きかけが重視され，論理的思考を促進するということもできるでしょう。

### (2) 自己表現の論理を学ぶ

アメリカでは自分の意見をきちんと伝えることが大事とされる，と聞いたことのある人は多いと思います。ただし，自分の意見というものは伝えればそれですむというわけではありません。意見が効果的に伝わらなければ独り言同然ですし，ときにそのような「意見」は独善的だとして否定されてしまいます。支持してもらうためには，いや，関心をもって聞いてもらい，支持不支持の考えを引き出すためには，他者を説得する営みが必要だということになり，アメリカでは少なくとも小学生のときからそのためのトレーニングをしていると考えることができます。論理的に考え，効果的に相手に働きかけることのトレーニングといって差し支えないでしょう。私は当初，現地の子どもたちが because あるいはその略語である 'cause や cuz を頻繁に口にすることに戸惑いました。日本だったら，「いちいち言い訳ばかりしないように」と指導されてしまいそうです。しかし，こうしたことも論理的思考のトレーニングの一環なのだと考えれば合点がいきます。

学校の授業で他者を説得する課題を実施する場合，推薦文を「書く」ことと同様，あるいはそれ以上に，推薦内容を「話す」ことも効果的で効率的だと考えられます。多くのクラスメイトに対していっぺんに自分の意見を表明できるだけでなく，即座に質問が投げかけられ，そしてさまざまな質問に対して即興で答える必要があるからです。

このことからも，アメリカでは自己表現を大事にするといってもとりわけ口頭で表現することを重視しているのが特徴だといえるかもしれません[9]。

口頭での表現という意味でもう一つ，アメリカの学校で驚いたことがあります。それは，小学生のうちから，調べ学習の成果を一人ひとり個別にポスター発表をしていたということです。息子は3年生のときだけでも，12月に樹木プロジェクト（tree project），年度末の5月には伝記プロジェクト（biography project）の発表会があり，調べた結果をポスター発表していました[10]。しかも，保護者がいずれの発表会でも招待されていて，質問することもできました。樹木プロジェクトのときは，アメリカで生活を始めて8か月程度でしかなかったので，息子がどんな発表ができるのか，親としてはか

---

9　あくまで相対的なものであって，文章で書くことによる表現がおろそかになっているわけではありません。

10　これらの発表会は，通常の授業の一環として行われ，日本でいうところの学校行事とか学年行事といった大げさなものではありませんでした。授業参観に近いともいえますが，日本とは異なり，多くの保護者が来校できるようにわざわざ土曜日に設定するといったこともなかったにもかかわらず，多くの保護者が訪れていました。

樹木プロジェクトの発表

なり不安でした。というより，そもそも人前で発表などできるのかというのが正直なところでした。

実際，息子が担当する樹木は担任の先生が選んでくれ，準備の際にはかなり手伝ってくれていたことはたしかでした。

いざ教室に入ると，クラスメイト全員のポスターが段ボールで作られたボードに掲示されており，学会のポスター会場さながらの様子に目を奪われました。そして，おそるおそる息子のポスターに近づいてみると，こちらの不安をよそに少なくとも見かけ上は立派に発表していました。親ばかといえばそれまでですが，本当にわが子かと思うほど堂々としていました。不安げな表情など一切見せず，クラスメイトや保護者からの質問にも不思議なほど自信にあふれて答えていました（もちろん英語で）。非英語話者が8か月でここまで立派に口頭でやりとりできるのを目の当たりにし，アメリカでの非英語話者に対する教育に自然と興味をもつことにもなりました。

5か月後の伝記プロジェクトでは，樹木プロジェクトのときほどの不安はありませんでしたが，やはり緊張して息子の発表を聞きました。息子は自分で選んだ第3代大統領トマス＝ジェファソンの出で立ちをまね，指揮棒のようなものを使ってポスターを差しながらやはり堂々と発表していました。このときの発表は，一人ひとり順番にクラスメイト全員の前で発表していたので，学会発表で考えると，ポスター発表というより口頭発表に近いものでした。ポスターも12月のときよりも小さめではありました。それにしても，クラスメイトからいろいろな角度からの質問がなされ，それに対して逐一答えている息子の姿を見て頼もしく思えたものでした。

### (3) 個人主義の土壌

伝記プロジェクトの発表

本を推薦するかしないかはその子しだい，というのもそうですが，アメリカの学校では，その子しだい，ということがよくありました。アメリカには運動会というものがありませんが，私の子どもたちの学校では運動会に似たような行事としてフィールド・デーというのがありました。数名のグループをいくつか作って対抗戦のようなことをしたり，ホッケーのスティックを使った個人対抗のシュートゲームのようなことをしたりするのですが，競技するというよりは楽しむという要素が強く，競技も同時並行でいくつも実施されるので，いわば屋外型ゲームセンターといったところです。日本人から見れば「ユルユル」です。観戦する保護者はほとんどおらず，いるとしてもそれはボランティアで運営を手伝う保護者です。早朝，保護者が観戦のための場所取りに校門前に並ぶ日本の運動会とは大違いです。

フィールド・デーにどのくらいの保護者が観戦に行くのかについて事情を知らなかった私は，好奇心もあり，娘が7年生のときにはじめてフィールド・デーを見に行きました。そのフィールド・デーは，グループ対抗のみがプログラムされていて個人競技はありませんでした。同時並行でいくつもの競技が実施されていて，グループ単位で順にプログラムをこなしては次のプログラムに移動していく形で進行していました。娘の参加しているプログラムを中心に見ていたのですが，ふと，どのプログラムにも参加せずにただグループのあとについて移動するだけの子がいることに気づきました。あとでそのことを担任の先生に聞いたところ，どうしてもやりたくないと言うので，ということでした。いろいろな事情があるのかもしれませんが，なにせ

「ユルユル」ですから，歯を食いしばってがんばる必要はありませんし，あの程度なら一緒にやるふりだって簡単だと正直なところ思いました。とはいえただやりたくないことを認めたのではなく，やりたくないことを認めたうえで，所属グループのなかまと一緒に回ることも一つの参加の形であることを本人にも他の生徒たちにも伝えていました。

この「その子しだい」の例はやや極端かもしれませんが，アメリカ滞在中，いろいろな場面で「その子しだい」の基準が使われているのを目の当たりにしました。もちろん，日本に比べ，さまざまな国から短期，長期で移住している家族が多いので，多様な宗教的，文化的慣習を尊重せざるをえないという側面もあるのだとは思います。しかし，それにとどまらず，個々の家庭あるいは個々の子どもの事情に配慮している，逆にいえば，クラスメイト全員に一つのことを押しつけないことが徹底されていることにあらためて感心しました。前節のパジャマ・デーでも，パジャマで学校に来たくない人はふだん通りでよかったですし，お楽しみ週間でも同様でした。バスケットボール（NBA）のボストン・セルティックスの地区優勝がかかった試合の日に，セルティックスのチームカラーである緑を着てこようという先生の呼びかけもありましたが，やはりクラス全員が緑を着ていくわけではありませんでした。そして，これが重要なことなのですが，たとえば緑の服を着てこなかった子どもに対して，先生はもちろんクラスメイトも不平をこぼしたり文句を言ったりしませんし，ふだん通りに接するということです。マイノリティになることを恐れずにすむ環境設定がなされているともいえますし，理由が正当ならその子の意志を尊重するというのがクラス全体，そして学校全体に徹底されているのだと思いました。

そして，個々の意志が尊重される環境だとしても，そもそも個々の子どもたちがその意志を表現できなければ尊重しようがありません。だからこそ，自分の意見を論理的に表現し説得するという教育が実施され，それが有効に機能していると考えることができるかもしれません。　（尾見）

## 4 「過剰に」ほめる

### (1) 長所を見るか短所を見るか

学校歴の関係上，私の2人の子どもはアメリカに引っ越して3か月もたたないうちに，学年末を迎えることになりました。2年生を終えた息子にも日本の通知票に相当するものをはじめ，担任の先生からいくつかの書類が渡されました。印象的だったのは，担任の先生からクラス全員宛のメッセージに，「みんなと一緒にやれてよかった」「みんなよく成長した」など，ひたすらポジティブなコメントが並んでいたことです。通知票のコメントもほめまくりです。日本の先生ももちろんほめると思いますが，たとえば，「もう少し落ち着いて話を聞けるようになるといいですね」など，できなかったことが近い将来できるようになることを求めるコメントもそれに加えて書きそうなものです[11]。

これはあくまでも一例ですが，アメリカの学校教育，また学校教育以外のさまざまなシーンで子どもが本当に頻繁にほめられていました。

私も，自分の子どもたちがほめられることにすっかり慣れてしまったこともあり，日本に帰国後，アメリカとはまるで対照的なシーンに何度も遭遇し，衝撃を受けました。

息子は，2011年6月にアメリカで4年生を修了し，日本の5年生として，アメリカに引っ越す前と同じ小学校に再び通い始め，引っ越す前から参加していた地元のサッカーチームに再加入しました。また，ほどなくして，学校の先生の一人がタグラグビー[12]チームを作った際にはそのチームにも参加し

---

[11] 島津によるコメント：あらゆる場面で対応が必要な生徒の通知票には「もう少し落ち着いて話を聞けるようにがんばりましょう」といったコメントは書かれると思います。ただそのコメントもなるべくポジティブなことばを使うように工夫します。たとえば，weakness の代わりに challenging を使ったりします。

[12] ラグビーボールを用い，自分より前にいるプレーヤーにはパスができないことなどラグビーと類似しているものの，安全面を考慮し，タックルやスクラムのような身体接触を排除しており，小学生を中心に広がっているスポーツ。

ました。このチームは，放課後に練習をして，週末は練習試合や公式戦があり，指導者は学校の先生ということから，さしずめ小学校版部活といったところです。練習や試合の際には，保護者が主として運営面でお手伝いをすることがあり，私も興味本位で何度か手伝ったことがあるのですが，先生の指導の仕方がアメリカとあまりにも違うことに衝撃を受けました。まだ，帰国した直後だったということもあると思いますが，コーチをしている先生が子どもたちに対して繰り返し怒鳴っていたのです。当然のことながら，怒鳴るのは子どもたちがいいプレーをしているときではなく，平凡なミスをしたりふざけたりしているときです。

一昔前ならいざ知らず，日本の最近の学校では，授業中にふざけている子どもを注意するために，その子の頭を叩いたりその子に向かってチョークを投げたりしません。その先生も，子どもたちに対するふだんの声かけは穏やかでしたし，基本的には「ですます」調を使うほどでした。保護者の一人が練習中の先生を見て「先生，タグラグになると熱くなりますねえ」と言うとその先生は「タグラグやると人格変わるんですよ」と答えていたので，当人も自覚はあるようでした。

このタグラグビーのチームは一年目から公式戦でも好成績を残したので，先生の指導力はかなり高かったのだと思います。また，子どもたち自身もそうですし，保護者の目から見ても，日に日にスキルが高まっているのがわかり，怒鳴りながらの指導に不満をもつ子どもや保護者はいませんでした。少なくとも私には直接的にも間接的にもその先生を悪く言う声は届いてきませんでした。日本の部活の先生は「神様のような存在」として扱われることがあると聞いたことがありますが，このときは，指導者である先生が神様になるにいたる原点を見たような気がしました。

一方，サッカーチームの指導者は地元のボランティアでしたが，そこでもミスをしたときには容赦なく罵声が浴びせられていました。罵声や怒号による指導は息子の所属するチームにかぎりませんでしたし，むしろそのほうがふつうだったといえます[13]。

良いところをほめてのばそうとするか，悪いところを時に怒鳴ってでも修正しようとするかという点で，アメリカと日本とではずいぶんと違っており，その違いを目の当たりにするたびに衝撃を受けていたのです。

似たようなこととして，帰国後まだ間もないときに息子がおもしろいことを言っていました。先生が授業内でちょっとした課題を出して，子どもたちが各自でその課題に取り組む際，アメリカでも日本でも机間巡視をすることがあります。そのときに先生が一部の子どもに声かけをします。そこまでは同じです。違いについて息子が言ったことは，「アメリカで先生が声をかけるときは，『よくできているね』『そのまま続けて』みたいなのに，日本ではそういうときに声をかけてくれないから，これでいいのかなって不安になるんだよ」というものでした。日本で声かけするときはむしろ子どもに修正を求めたり考え直させたいときだったりすることは，私にも容易に想像ができます。たとえば「これでいいのかな？」「ここの意味，よく考えてみて」というようなものでしょう。

アメリカの学校に早々に適応してしまったが故の息子の不満でした。このことは，日本では，スポーツにかぎらず，学校の授業の中でも先生の指導が失敗やミスに焦点化されやすいことを示しています。

## (2) マイノリティに対する向き合い方

息子が帰国した2011年にはすでに小学校高学年の授業に外国語活動（実際には英語）が導入されていました。ネイティブ・スピーカーが担任の先生とチームを組んで授業を進行させることもあり，帰国したばかりの息子は当初張り切っていました。しかも，たまたまネイティブ・スピーカーの先生がアメリカ出身だったこともあり，息子が着ていたボストン・レッドソックスのTシャツを見て，メジャーリーグの話で大いに盛りあがったということでした。もちろん英語で。

ところが，はじめは家庭でも楽しそうにその授業のことを話していた息子は，そのうちその授業を話題にしてもあまり話さなくなりました。何か月か

13　部活の指導や制度等の問題については尾見（2019）に詳しく書かれています。

が経過し，たまたま英語の授業も組み込まれていた授業参観に妻が参加したことがあったのですが，帰宅後に話を聞いたところ，息子は先生に指されないかぎり自分からはまったく話さなかったということでした。妻も私もこれにはショックを受けました。ほかの授業での日本語のスピードについていけないとか，漢字テストでほとんど点数が取れないといったなかで，もっとも彼の特技が生かされるはずの英語の授業であまり楽しそうに取り組めていないというのです。どうやら息子は，クラスメイトに冷やかされることが続き，あるときから一切話さないことにしたようでした。以前から聞いたことがありましたが，帰国生の英語，とくに発音が日本なまりでないことに対する日本の学校の洗礼を受けたことを実感しました。マイノリティに対する向き合い方という点で，アメリカの学校との違いを感じざるを得ませんでした。

### (3) 書き取りの呪縛

息子が中学に進学しても洗礼は続きました。

アメリカで2年以上現地の学校に通った息子からすると，日本の中学校の英語の授業は退屈ではあっても，テストでまちがえるなんてことはないと高をくくっていましたし，しばらくは勉強しなくても満点だろうと妻も私も思っていました。当時は小学校の英語は教科になっていなかったので，中学1年生の英語はアルファベットの書き取りから始まりましたし，そこでつまずくとは思っていませんでした。そうです。よもやのアルファベットでつまずいたのでした。息子が中学に入学して最初の定期試験で hat と bag が正答の問題があったのですが，hat の a，bag の g のそれぞれの文字の右上の部分にわずかにすき間ができているということで1点ずつ減点されていたのです。

私の Facebook にこの写真を提示して，減点されたことを書き込んだところ，アメリカで出会った友人たちは，「なぜだ」「あってるじゃないか」と次々にコメントを送ってくれました。その中には学校の先生もいました。ちなみに，アメリカの友人たちが息子の答案が減点されることについて疑問視したのは，すき間がくっついているように見えたからではありません。アメリカにかぎらないと思いますが，アルファベットの書き方をていねいに学ぶ機会はあまりなく，一般に，字は読めればよい，というレベルといって過言ではないと思います。多少すき間があろうと，明らかに「g」と読めれば「g」ですし，かなり読みにくくても文脈的に「g」としか考えられなければ「g」なのです。

日本ではひらがな，カタカナ，漢字，それぞれ正方形のマスの中でどの辺に横棒を書くとか，一画目は横棒かはらいかとか，非常に細かく指導されます。おそらく書道の影響なのだと思いますが，これがアルファベットにまで及んでいるということです。アルファベットの「書写」だということです。しかも，筆記体にまで「正答」があり，大きなばらつきを認めなかったりします。

考えてみれば，外国人の署名には非常にバリエーションがあるのに対して，日本人のアルファベットによる署名は誰が書いても似たようなものであることに気づきます。他方，筆記体であれブロック体であれ，欧米の人が書いた手書きの手紙を読むのに苦労したという経験をお持ちの方もいらっしゃるのではないでしょうか。

自信満々で定期試験に臨んだ息子は納得できなかったようですが，アメリカでの学校生活を見聞きしてきた親としてもにわかに受け入れることは困難でした。以上のように，息子はアメリカの学校教育に過剰と言っていいほど適応してしまったが故に，日本の学校に再適応するのが非常にたいへんでした。妻から言わせると私のほうがさらにたいへんだったようですが，私も逆カルチャーショックの連続だったことは確かです。

いずれにせよ，日本の学校では，先生が子どもたちのまちがいやミスを見つけ，それを修正させる場面が目立ちます。点数化する際に，基準から下回るものについて減点するという減点主義の価値観です。

減点主義のほか，私の逆カルチャーショックの経験から日本の学校教育の特徴をあえてまとめ直すと，唯一の答えを求める正解主義，正解の幅が非常に狭い厳密主義，決められた時間に手早く解答する迅速主義といったものがあげられます。こうしたことは言い古されたものといえるかもしれませんが，さらに，これらの背景にはテスト優先主義というのもあるように思います。日本の多くの学校は小テストや定期テストを一年中実施しています。テストとは本来，子どもにとってはそれまでの学習の成果を確認するものであり，先生にとっては，自らの指導の仕方が適切であったかを確認するものであるはずです。しかし，ここまで頻繁にテストすると，先生はテストの準備と採点に追われ，テストすること，そして成績評価すること自体が目的化されてしまいかねません。ただでさえ，先生が事務作業や部活指導などに時間が割かれ授業準備の時間が確保できないと騒がれる昨今，とにかくテストをして子どもを序列化することで精一杯だったとしてもしかたのないことかもしれません。

ただし，別の観点から考えてみれば，このテスト優先主義は，多忙な先生が多人数の子どもを対象に一人で授業し，かつそれなりの質を保証できている日本の教育システムなり教育風土の必然的帰結であるといえるかもしれません。それにくわえて，息子の英語力をとくにのばそう，生かそうとしなかった点についていえば，おそらくそこにはある種の反個性主義が働いているのではないかとも思えます。英語力にかぎらず，あまりに強い個性は望まれないというものです。個性に合わせた教育をするには先生の数も足りませんし，その他の仕組みや風土のようなものも変える必要がありそうですから，この反個性主義もまた，日本の教育システムや教育風土の必然的帰結と考えられるのかもしれません。（尾見）

## 5　日本の国語の授業

### (1) 文字の習得にかける時間

アメリカの授業と比べたときの日本の授業の特徴については，前節でも触れましたが，この節ではとくに国語の授業に絞って考えていこうと思います。アメリカでの英語の授業は日本での日本語，すなわち国語の授業に相当するわけですから，相互に比較可能だと考えられますし，文化的な違いが色濃く反映していてもおかしくありません。

日本では，国語は正解が一つとはかぎらない，あるいは子どもの数だけ正解がある，といったことがいわれることがあります。たしかに，論述を求める問題などでは多様な正解があるでしょう。しかし，入試問題ひとつとってみても，基本的には唯一無二の正解があるという場合がほとんどではないでしょうか。そして，入試問題にかぎらず，学校の内外で実施される模擬試験，定期試験，小テストなどでも多くの場合同様であるように思います。テストというのは客観的で平等でなければならないということになっているからです。そして，4技能のうちのリーディングのスキルを測定することが最も客観テストに適していることから，テストで出題されるのがリーディングに大きく偏ることにつながっていると考えられます。また前節で，日本の学校ではテストばかりしていることを指摘しましたが，国語もその例外とはいえず，つまりはリーディング偏重であることを意味します。

日本の場合，客観テストに向いているものに漢字の読み書きがあります。漢字は，正誤がかなり明確に判断できるだけでなく，正確に書くこと，正確に読むこと，正確に送り仮名を振ることなど，いくつかの観点から評価できます。ただし，漢字を正確に読んだり書いたりすることは，同じ「読む」「書く」であっても，基本的には，4技能で求められているライティングやリーディングには相当しません[14]。

さらに，日本の場合，文字の習得に関連することとして，「書写」が国語に含まれているのも特徴的といえそうです。日本の学校では，ひらがな，カタカナ，漢字，すべての文字で「筆順（書き順）」が教え込まれます。小学校時代はテストに出題されることもあるでしょう。

小学校学習指導要領（文部科学省，2017a）の国語の節には，各学年の目標と内容が記載されていますが，第1学年と第2学年の項には，「点画の書

---

14　もちろん，だからといって，漢字の習得が日本語という言語を学ぶうえで不要ということにはならないでしょう。日本語という言語の性質上，文字の習得にかなりの時間を要するのはやむを得ません。詳細は6章。

き方や文字の形に注意しながら，筆順に従って丁寧に書くこと」と書かれています。第３学年以降には「筆順」という表記はない代わりに「毛筆を使用して点画の書き方への理解を深め，筆圧などに注意して書くこと」（第３学年及び第４学年），「毛筆を使用して，穂先の動きと点画のつながりを意識して書くこと」（第５学年及び第６学年）と，「毛筆」の使用が明示されています。筆順だけでなく「はね」や「はらい」といった文字の詳細な部分にも厳密さを求める背景がここにあります。漢字学習に加え，筆順や点画の学習，さらには鉛筆だけでなく毛筆で文字が書けることも求められていることから，日本の国語はアメリカの国語（英語）に比べて，４技能にかけられる時間がかぎられていることがわかります。ついでにいえば，アメリカの国語（英語）と比べた場合，古文や漢文が国語に含まれていること[15]も４技能の習得に時間をかけられないことに結びついています。

そもそも，「読み書きそろばん」が実施されていたといわれる明治以前の寺子屋での中心的教授内容は習字であり，まず第一に上手に文字を書くことが目的とされていました（添田，1992）。そして，文字を学ぶ目的は主に公文書や商業文の読み書きができるようになることであり，だいたいの字と地理を覚えて，男女別の文体で手紙を習っていました（中野，2009）。さらに，日本語は本質的に音声だけでは成立し得ず，話したり聞いたりしているときでも，その音声をいちど文字に直してみなければならないほど文字への依存性が高く，西洋とは対照的に文字を書くということが学習の場面で大きな役割を果たしています（添田，1992）。このような日本語のもつ特徴やそれにともなう教育の伝統が日本の国語教育の背景にあるために，文章を「読むこと」「書くこと」に時間をかけられないことにつながっているように思えます。

---

15　島津によるコメント：アメリカでも高校生ともなれば，シェイクスピアなど，日本の古文にあたる学習はします。私の子どもは小学５年生の時に同語源語（cognates）にかなり時間をかけていました。単語がどの言語から派生したのか（ラテン語かギリシャ語かなど），接頭辞や接尾辞などを見てすぐに想像がつくことで意味がわかりやすくなるといった学習でした。なお，州のカリキュラムに組み込まれてはいませんでした。

### (2)「国語」と「英語」の違い

「国語」の学習指導要領をみると，もう一つ興味深い点があります。「各学年の目標及び内容」の「内容」のなかに「思考力，判断力，表現力等」という項目があり，その中に，「話すこと」「聞くこと」「書くこと」「読むこと」についての記載があるのですが，これら4技能のうち「話すこと」と「聞くこと」が一つにまとめられているのです。他方，学習指導要領の外国語（英語）では，小学校，中学校とも（文部科学省，2017a, 2017b）に，「話すこと」を「聞くこと」から切り離したうえで，さらに，前者を「話すこと［やり取り］」と「話すこと［発表］」に分けて，5領域にしています[16]。

言語を学ぶという意味では同一であるはずの「国語」と「英語」でこのような違いになるのはどうしてなのでしょうか。

じつは，1900（明治33）年に「国語科」が設置された際，「国語科」は，言語の教育を行う自立的な教科としてではなく，さまざまな教科を総合的に扱う教科とされました（小笠原，2001）。また，第二次世界大戦後から1960年代にかけては，言語教育という概念のもとで，国語教育と英語教育の共通点が模索されました（柾木，2016）が，その後も国語教育を「4技能」で分けることには疑問視する見方が提示されています。たとえば，人間形成の役割にもとづいて言語教育，文学教育，作文教育の三分野に分けるべきだという考え方（松下，1963）や，文法教育，言語論理教育，文学教育，言語生活教育の4領域に分ける考え方（府川，1996）です。これらの考え方にかぎらず，「国語」という教科が歴史的に言語以外の側面をもっているととらえられていたことが，国語が英語の4技能に単純に対応づけられるわけではないことの背景にあると考えられます。

また，「国語」において，「話すこと」や「聞くこと」は取り立てて指導する学習ではなく，普段の学習活動の中で十分育成できるという固定観念から

---

16　これはCEFR（Common European Framework Reference for Languages; Learning, teaching, assessment「外国語の学習・教授・評価のためのヨーロッパ共通言語参照枠」）を参照して設定されています（文部科学省，2017b）。

なかなか脱することができず（滝浪，2013），結果として「読むこと」「書くこと」に重点が置かれすぎたとも考えられます。そしてその影響が「英語」にまで及び，英語の指導要領でめざされていた以上に，「話すこと」「聞くこと」がおろそかになったという面もあるかもしれません[17]。中学校や高校の学習指導要領においても，英語（外国語）では，「目標」の項に「聞くこと，読むこと，話すこと，書くこと」が明示されているのに対し，国語では明示されていません。

それでも，2000年以降は，国語教育と英語教育との連携の議論が高まってきた（柾木，2016）ことで，両者の間での具体的な対応づけが試みられるようになってきたといえるでしょう（文部科学省，2016）。その意味では，国語において4技能が独立ではなく，「話すこと」と「聞くこと」が一つにまとめられているものの，英語との間での相違はむしろなくなりつつあるといえるのかもしれません。

### (3) 自己表現か道徳的価値か

「話すこと」「書くこと」には，自己表現の側面，あるいは自身が伝えたいことを他者に説得的に伝えるという側面があり，習得すべき技能はある程度共通である一方で，伝える内容は人によって個別的であり多様です。ですから，その内容をことばにし，文章にする作業は共通の技能の習得だけではなかなかうまくいかないでしょう。つまりこの言語化，文章化は，それこそ個性を尊重する教育の肝といってもいいようなものです。しかし，国語教育は，ただでさえ少ない「話すこと」「書くこと」の時間が，個々の自己表現を磨く時間になっているとはいえないと思えるような指摘が見られます。典型的には，国語教育の道徳教育化という問題です（福島，2012；石原，2005；清水，2002ほか）。作文教育や文学教育が心情教育や道徳教育に流れてしまうという指摘もあります（小笠原，2001）。文章を読んで感想を述べ

---

17　実際，英語の学習指導要領でも，1989（平成元）年の改訂以前は，国語と同じように「話すこと」「聞くこと」が一つにまとめられていました。

させ，その感想について子どもたちとやりとりをする中で，教師が道徳的なメッセージを陰に陽に伝えるといったことです。文章の「読み方」ではなく，「受け止め方」の共通化，画一化を図り，それを個々の感想として表現させ，たとえば，小説「走れメロス」で友情のすばらしさを感想として表現させるというものです。

そもそも，国語科が設置される過程の明治政府内の会議では，道徳教育の重要性があらためて強調され，「国語科」が「徳性涵養」の教科であることが確認されてもいます（枢密院会議議事録，1984)。逆に文法教育や話し言葉教育といった事柄に関しては一切触れられておらず（小笠原，2001)，「国語科」にはその誕生時から非言語的な側面が多分に含み込まれていたことがわかると同時に道徳教育としての役割が期待されていたこともわかります。

道徳的メッセージを込める傾向はおそらく総合的な学習の時間にもあり，たとえば，ごみの分別や廃棄のことを調べたり，エネルギー消費量を調べたりして，「私たち一人ひとりができることを今日から始めることが大事」だとか「資源が有限であることを一人ひとりが意識することが大事」といった結論にもっていかせるというのが典型的です[18]。もちろん，このような感想や結論への誘導が絶対的にまちがっているとは思いませんし，日本でなくとも道徳的なメッセージが授業のあちこちに含み込まれることはたしかです。しかし，国語を中心に日本の学校の授業には，道徳的要素がちりばめられている度合いがかなり大きいように思います。そして，とくに国語という教科には，道徳をはじめ，言語教育以外の多様な役割が求められ続けているという特徴があることに自覚的になる必要があるでしょう。（尾見）

## 6　ESLに役立つ言語論：英語学習の4つの柱

私は，1987年に日本で働いていた会社を辞め，アメリカのマサチューセッ

18　こうした典型的な帰結にならないように，対立する感想や意見を尊重した授業を展開している場合ももちろんあるでしょう。

ツ州ボストンの郊外にある大学に留学のために渡米しました。予定では2年制の大学を卒業して日本に戻るつもりでしたが，卒業後は4年制大学に編入し，その大学を卒業後はボストン郊外の会社に就職し，ついには国際結婚し，とうとう永住することになり，30年以上の月日が経ちました。現在は，ESL（English as a Second Language：第二言語としての英語）の教師をしています。渡米当初は英語がまったく聞き取れず，しゃべれず，宿題に課された本も難しすぎて理解不能，書くことにおいては支離滅裂，日本でTOEFLや英会話を勉強してボストンにやってきたつもりでも，実際にはまったく通じず，泣きながら勉強しました。落ち込んでいる暇もなく学校の授業や宿題は課されるわけで，どうやって英語を習得したらよいのかわからないまま，死に物狂いで突っ走ってきた感があります。そんな入門レベルのESLの生徒だった私が，あきらめていた教師になる夢を，しかもアメリカでESLの教師として叶えることができるとは，当時夢にも思っていませんでした。ここでご紹介する英語習得のスキルや方法は，私が渡米した際に知らなかったために苦労したこと，誰かが私に教えてくれていたら，とても助かったのにという苦い経験をもとに，読者のみなさんにこれだけはお伝えしておきたいことを選んでみました。

今ではインターネットであらゆる情報が瞬時に手に入りますが，私が渡米した頃は英和辞典のみが頼みの綱。しかし，そのなかに目当ての単語が見つからず，何度も途方に暮れたことを思い出します。またアメリカで日本のニュースを知ることはたいへん困難なことでした。今ではスマートフォンさえあれば，ニュースでもドラマでも見ることができるという，便利な時代になりました。

2017年秋，スマートフォンで日本のニュースを読んでいると，NIKKEI STYLEのオンラインニュース『「天才はいない」東大理三3人に2人は鉄緑会，最強塾が教える「伸びる生徒」』（代慶，2017）という記事が目に入ってきました。日本の最強塾と呼ばれるところの教育者が，どういう教育を行っているのか興味がわきました。最終的に結果を出す生徒について，鉄緑会の講師の一人は「先生に教えられて何でも素直に受け入れ，ガツガツやる生徒は最初はいいけど，そんなに伸びなくなる。（中略）自己マネジメントできるタイプが強いです」と答えていました。これは受け身でガツガツ勉強するのではなく，自分で考えて勉強することを推奨し，従来の学習法とは異なる新しい旋風を吹き込もうとしているのかと期待が高まりました。

私が知っている日本での学習方法は，先生に教えられたことをノートに淡々と取り，家に帰って予習復習や練習問題を（ガツガツ）繰り返すことでした。少なくとも，多くの中高年の親や教師の世代はそうではないでしょうか。先の鉄緑会の講師は，のびる生徒は自分で目標を決めて自己マネジメントできるタイプであると述べていました。私はそれには賛同しつつも，そのためには，まわりに左右されず，自分で物事を判断し自発的に進めていく能力が子どもに必要となるであろうが，はたして日本に子どもの自発性や独立心を受け入れる土壌があるのかと疑問に思いました。

自発性や独立心は，勉強だけで養われるスキルではありません。協調性が重視される日本文化の中で，子どもが自発的に率先して何かを始めたときや，人と違う独自のやり方をしたときに，親，先生，クラスの子どもたちは「すごいね！」と常に感心し賞賛してくれるでしょうか。そうであれば，子どもたちが安心して独立心を発揮できる環境が整っていると考えます。しかし，もし子ども自身が率先して何かをしたときに「カッコつけている」と言われたり，周囲から「勝手なことをしている」と嫌悪感を向けられたりしたら，安心して自発性や独立心が発揮できる環境とはいえません。この自発性や独立心というスキルこそが，グローバル社会では不可欠な基礎スキルであり，英語を使ううえで日本人が直面する大きな壁であるというのが，私の実感なのです。

私はアメリカで「英語がまだ完璧に話せない」と尻込みし，みんなの輪に入ることを恐れる日本人，「勇気がない，自信がない，様子を見る」と，自分から行動を起こすのをためらう日本人の大人も子どももたくさん見てきました。ここで重要なのは，英語ができないからみんなの輪に「入れるわけがない」という先入観にとらわれ，入ろうとする努力なしに「入らない」選択をしてしまう人が多いことです。また問題に遭遇したときに，自分から解決策を積極的に探らず，人からの指示を待つ日本人も数多く見受けられますが，問題が起こった場合は先延ばしにせず，積極的に行動を起こしていくことが求められます。

さらに私は正解主義，詰め込み主義の日本の教育を常々懸念していますが，日本でも少しずつ変わり始めていると感じたもう一つの出来事は，日本テレビで放映された「先に生まれただけの僕」という連続ドラマ（2017年10月～12月放映）の第3話を見ていたときでした。偶然にも私と同じ名前の島津先生という英語教師が，正解主義・詰め込み主義に疑問を唱え，アクティブ・ラーニングについてほかの教師に語る場面があり，日本でもアクティブ・ラーニングのような学習方法の重要性が少しずつ浸透してきていると感じました。

アクティブ・ラーニングとは，生徒自身が能動的・活動的に学ぶという意味です。この学習法では先生は teacher（ティーチャー＝教える人）ではなく，生徒が自分たちで学んでいくことのできる環境を提供する facilitator（ファシリテーター＝進行する人）となります。従来の授業は，先生は「教える人」ですので，道標を示し，講義をし，生徒に指示を出して核となる内容を教え込みます。しかしアクティブ・ラーニングの授業は，先生が核となる内容を教えるのではなく，生徒が中心となって試行錯誤しながら自分たちで答えを見つけ出します。先生は，生徒が学習しやすい環境を提供し，道から大きく逸れそうになった場合は助言したり助け舟を出したりして，いわばアシスタント的な役回りに徹します。生徒がなかなか答えを見つけ出せなかったり，失敗したりすることも多々あります。壁にぶちあたり，思い通りにいかないこともしばしばです。グループで協力しながら進めていく場合には，クラスメイトと衝突することもあるかもしれません。しかし，そういった経験をすることにより，知識だけでなく，認知力，思考力，問題解決力，社会性，倫理観，好奇心などを同時に培うことができます。また丸暗記学習はすぐに忘れてしまうことが多いものですが，アクティブ・ラーニングでは五感を使い，頻繁に考えをめぐらし，仲間と話し合ったり，議論したりするため，印象深い経験ができ，記憶にも長く残りやすいといえるでしょう。

また，アクティブ・ラーニングの利点は，1つの単元を別々に教えるのではなく，複数の科目を統合したり，応用したりして教えることができることです。たとえば，理科の実験をベースにする場合，理科の知識や語彙をマスターすることはもちろん，リサーチの段階ではノンフィクションのリーディング学習を行い，データを取る時点では見積もり，計算，統計，グラフ作成などの数学を学び，結論を出すときには論理的に意見を闘わせ（意見文の知識の応用），レポートを書く段階では説明文の書き方を学習し，最後にテクノロジーを学習してグループ発表やプレゼンテーションをするといった具合です。使える英語の学習においても，アクティブ・ラーニングはたいへん効果的で重要な要素となっていくことでしょう。

私は現在アメリカで教壇に立っていますが，教師が「知識を教える人（teacher）」から「学習環境を整え学習を促す進行役（facilitator）」に移行してきていることを日々感じます。でも実際にはどうしたらそのような授業ができるのでしょうか。本書ではそのためのヒントも述べていきます。

ところで，本書では「英語」を受験科目のひとつであること以上に，コミュニケーションのツールとしての言語ととらえています。英語を学ぶのは日本語を話さず英語を話す人と意思疎通をはかるためであることを前提にしたほうが，実際に使える英語を学ぶ姿勢につながります。受験科目の英語学習ではまちがってはいけないというプレッシャーがあるでしょうが，人とのコミュニケーションはたとえたどたどしい英語であっても内容や気持ちを伝えることができます。まちがいを恐れずに話したり書いたりすることが英語の習得には早道なのです。

中学校学習指導要領（文部科学省，2019）にもあるように，英語を学習するにはリスニング（聞く），スピーキング（話す），リーディング（読む），ライティング（書く）の4つの柱があります（話すことは「やり取り」と「発表」に分けている）。アメリカでもESL教育では，この4つの柱を中心に教えます。全米50州中35州（2020年1月時点）が加盟しているWIDA（World-Class Instructional Design and Assessment, 2014）では，4つの柱それぞれに学習基準を設けています（The English Language Development

Standards, 2017)。

またアメリカの公立学校に通う英語学習者の多くはESLの学習基準のほかに，国語と算数／数学は日本の学習指導要領にあたるCommon Core Standards（全米共通学力基準）または州が定めた基準に沿った授業も同時に受けています。これは現地校の生徒全員を対象にしたものですが，国語の基準の中に聞く，話す，読む，書くがバランス良く組み込まれています（Common Core State Standards Initiative, 2019）。

これらの聞く，話す，読む，書くの4つの柱は相互に密接にかかわっていますが，すべてが同じように発達するわけではありません。英語圏の国に1年住んでも，英語がペラペラになるわけではありません。もちろんごく稀にそういう人もいますが，ほとんどの場合，答えはノーです。一般論からいえば，まずは現地に住むことで英語のシャワーを毎日浴び続けるため，リスニングが最初にのびることが多く，だんだんと人が話していることが少しずつわかるにつれて，自分も片言で返事ができるようになるため，つぎにスピーキングが上達していきます。この時点では，日常生活で最低限必要な社交言語がまず発達していきます。

しかし，日常会話ができるようになったからといって，現地校や仕事で使っている英語の本がスラスラ読めたり，論文や書類がスラスラ書けたり，人前で教養を披露するプレゼンテーションができるようになるわけではありません。学習言語は日常言語とは異なり，専門的な知識や語彙を駆使できる語彙力や会話力に加えて，精錬された読み書きの能力が必要になります。

バイリンガル教育の第一人者の一人であるカミンズは，日常生活で使う社交言語のことをBICS（Basic Interpersonal Communication Skills）と呼び，学習言語であるCALP（Cognitive Academic Language Proficiency）と区別しています。BICSは基本的な対人伝達言語能力を指し，CALPは学習（認知）言語能力を指します。カミンズの言語能力理論によると，英語が母国語でない人がBICS（日常言語）を獲得するには平均的に約2年以内であることが多いのに対し，学習に必要な読み書きを含むCALP（学習言語）の獲得には5〜7年はかかります（Cummins, 2008）。また，コリアー（Collier,

1995）によると，英語が母国語でない生徒が英語圏で英語教育を受けている場合，母国語で就学経験のある生徒が学年相応の英語力を獲得するには5～7年，母国語で就学経験のない生徒に関しては10年以上かかる場合もあるといいます。

英語圏に住んでいても，基本的な日常会話ができるには約2年，現地校の授業についていける学年相応の学習英語力がつくのには数年かかるといわれているわけです。日本にいながらにして，高校を卒業するまでに，グローバル社会で実際に使える英語力を培うことは相当な困難がともなうことは想像ができるでしょう。

では，どうしたらもっと英語ができるようになるのでしょう。なぜ日本人は英語に苦手意識をもっている人が多いのか。その苦手意識はどこから起因するものなのか。はたしてそれはほんとうに英語力だけの問題なのでしょうか。

前出のコリアーやカミンズは，母語が確立しているほど，英語力ののびも早くなることを強調しています（Collier, 1995；Cummins, 2008）が，それは一体どういうことなのでしょうか。

2章以降ではこれらの疑問に対する答えも探っていきます。　（島津）

2章

# リスニング能力をのばす

島津由以子　丑丸直子

## 1　リスニング能力とは

英語学習における「リスニング（聞く）」「スピーキング（話す）」「リーディング（読む）」「ライティング（書く）」の4技能は，すべてが同じ速度で均一に習得できるわけではありません。聴覚が優れている人はリスニングが得意かもしれませんし，視覚から入る人はリーディングのほうが早く習得できるかもしれません。このように英語習得には個人差があります。しかし一般的には，リスニングとリーディングがほかの2技能より早く習得できることが多いといわれています。それは，スピーキングとライティングが能動的作業のアウトプット（出力）であるのに対し，リスニングとリーディングは受動的作業のインプット（入力）であるからです。つまり一般的には，リスニングとリーディングは受け身であるため，自分から出力しなければならないスピーキングやライティングの技能より早く習得できる場合が多いとされています。

私がこれまで，日本からアメリカに移住してきた日本人の子どもたちを見てきた経験からも，リスニングが最初にのびる場合が多いと感じています。それは現地校に通うことにより，どっぷりと英語に浸る環境が整っているからだと考えられます。

それに反して，日本国内の英語学習者はリスニングを不得手だと思っている人がたくさんいます。もちろん日本国内では英語に浸る環境が少ないことが最大の原因の一つだと考えられます。それに加えて，人前で恥をかくことがよしとされない文化的背景も大きく影響しているでしょう。それでも，英語を聞く機会を増やし，意識的に英語に耳を傾ける習慣をつければ，受動的作業であるリスニングはのびるはずです。

リスニングで重要なのは，より深く理解するために以下のプロセスをふむことです。

- 言葉を聞き取る
- 内容を理解する

・内容を吟味する（データや情報の信憑性を確認する）
・疑問をもつ（正当か否か，賛成か反対かなど自問する）
・自分の答え・考え・意見を構築する
・新しい学びを得る

以下の節でこれらのプロセスを説明しながら，リスニングに役立つコツを解説します。（島津）

## 2　言葉を聞き取る

英語環境を増やすと，リスニングがのびる可能性が高まりますが，それにはどうしたらよいでしょうか。日本の学校では ALT（Assistant Language Teacher：外国語指導助手）や AET（Assistant English Teacher：英語指導助手）と呼ばれる海外出身の英語の先生が増えていると聞きます。授業では極力このような先生方を利用して児童生徒たちと会話したり，一緒に歌ったり，ゲームをしたりする機会を増やすとよいでしょう。そのような先生が常時いない場合は，テレビやラジオ，インターネットを使って英語に触れることもできます。教科書のカリキュラムに沿って教えなければならない日本の先生方に余分な時間はないと思われますが，たとえば，毎回の授業の最初の5分間でも英語の歌を聞くこととか，子どもたちに人気のアニメや映画の英語版を少しずつ見ることなどを続けさせると，継続は力なりで耳が慣れてくるかもしれません。歌の場合は歌詞カードを用意すると歌詞を目で追うことができるので聞き取りやすくなります。また，子どもたちがよく知っているアニメなどは筋書きが日本語でわかっていると英語ではどういう表現をするのかに集中しやすくなります。

また，知らない単語が出てきた時点で聞き取れないと思い込み，頭が真っ白になって思考が止まることが，リスニングにはよくあります。知らない単語が出てきても，文脈から語の意味を読み取ったり，資料や絵があれば視覚から理解したり，相手がいる会話では聞き返したりするなどの方法がありますので，最後まであきらめずに会話に参加することが大切です。

子どもの会話では年齢が低いほど，自分が言いたいことだけを言い，相手の話をまったく聞いていないことがよくあります。発達心理学者のピアジェ（Piaget, 1952）によると，これは自己中心性と呼ばれ，前操作期段階にあたる2〜7歳くらいの子どもの多くは，世の中を主観的にしか見ることができず，他人の視点に立って物事を考える力がまだ獲得できていません。

これは日本語で話す場合でも英語で話す場合でも見受けられます。ですから小学校ではとくに発達段階に合わせて聞く力を意識的につけていかなければなりません。英語のリスニング能力をのばすには，まずは母国語で人の話をしっかり聞く習慣をつけ，相手が何を言っているかを理解し，そのうえで自分の考えを構築していく習慣をつけることが重要なのです。（島津）

## 3　内容を理解する

会話にはさまざまな形態や目的があります。良好な人間関係を保つためのあいさつや井戸端会議など，言葉を交わすこと自体に意味があるものをはじめ，学校や職場で何かを学んだり，交渉したりという目的を達成する手段としての会話まで多岐多様です。リスニングは，会話を成立させるのに欠かせないスキルです。相手の話をただ漫然と聞いているだけでなく，意識的に耳を傾けて意図を理解する必要があります。そのうえで自分の意見や考えを相手に伝えます。その繰り返しで会話はつながっていきます。

以下は私がアメリカの小学校で英語を教えるときに参考にしている「聞く姿勢」の一例です。これは，アメリカの言語聴覚士であるポレットが1990年代に提唱したWhole Body Listeningにもとづいています。これは訳すと，「全身で聞く」という意味になります。この方法はアメリカの教育現場でとても人気が高く，多くの教師が利用しています。その名の通り，ポレットは体のあらゆる部位（頭，目，口，手，足）を用いて聞くことにより，理解が深まると説いています。

たとえば，ポレット（Poulette, 2017；Truesdale, 1990）は，会話中に聞き取った内容の要点が何かを自分の「頭」で考え，その画像を「頭」の中に思い描くことで，より理解が深まり，集中力を持続させやすい傾向があると言っています。そして視覚（目）をフル活用して，画像や資料などからなるべくたくさん情報を得たり，相手の体の動きや表情を読み取ったりすることで，耳から入ってきた内容の理解がさらに深まると述べています。「口」に関しては人の話を聞く基本姿勢として，相手が話をしているときは口を挟まず，最後まで耳を傾ける習慣をつけることが重要であるとしています。また「手・足」に関しても，手で何かを触ったり，足をぶらぶらさせたりしながら人の話を聞くことは失礼にあたることはもちろん，気が散って理解することが困難になるため，まずは自分の体がどのように動いているのかを自己認識し，自己制御することを教えることが大切であると説いています。

子どもの言語習得障害のエキスパートであるウォーラック（Wallach, 2011）は，背景になる知識をすでにもっていれば理解力がさらに深まるともいっています。以上をふまえると，英語のリスニングで理解度を高めるには，リスニングを開始する前に，内容に関係のある知識や情報を，日本語でよいのであらかじめ子どもの頭に入れておき，視覚的な教材をふんだんに使い，教科書の中の写真や絵だけでなく，語彙力を高めるためにキーワードに関連のあるさまざまな画像をあらかじめ用意することで，生徒の頭の中により多くのイメージを焼きつけることができます。1つのキーワードに対して複数の画像による関連性をもたせることで，より理解が深まり，記憶の中にとどまりやすくなるため，語彙の意味や定義のみを暗記する以上に効果があります。

また日本語で予備知識を入れておくと，翻訳をあきらめてしまいそうな詳細な内容について日本語であらかじめ深く理解し記憶に留めておける，そしてわかる英語で素早く頭に入れられるなどのメリットがあげられます。大まかな内容を日本語で理解してしまえば，英語ですべて理解しなければならないというストレスが減り，英語の言葉を聞き取ることに集中できます。英語の言葉が拾えるようになると理解しやすくもなります。　（島津）

## 4　内容を吟味する

リスニングは，耳から入ってくる会話や発話の内容を正しく理解するうえで，たいへん重要です。そして高度なリスニングのスキルを身につけるには，他者の話を漫然と聞くのではなく，内容を吟味し，相手が考えていることは何か，聞き取った情報の信憑性は高いかなど，頭を使って考えながら聞くことが大切です。そのためにはリスニングを通して批判的思考（Critical Thinking）ができなくてはなりません。

ズワイアースとクロフォード（Zwiers & Crawford, 2011）は，批判的思考および学問の理解を英語学習者に促進するためのたいへん重要なツールとして，聞く，考える，話すという会話のプロセスの構築方法を説いています。彼らはそれを「教育的な会話（Academic Conversations）」と呼び，会話中に以下の５つのスキルを活用して，批判的思考および学問的知識の習得能力を高めることを奨励しています。

1. **Elaborate and clarify**（詳しく明瞭に話す）
2. **Support ideas with examples**（例を用いて考えを裏づける）
3. **Build on and/or challenge a partner's idea**（相手の考えにそって会話を構築したり，反対意見を唱えたりする）
4. **Paraphrase**（言い換える）
5. **Synthesize conversation points**（会話の要点を統合する）

批判的思考を行う直前のステップは，集中してしっかりと内容を聞くことです。そして上記の中で，リスニングの理解にとても役に立つのが，言い換え（Paraphrase）です。これは相手の話を聞いたあとに，「So what you are saying is……（つまり，あなたがおっしゃっていることは……ということですね）」と相手が言ったことを自分の言葉で繰り返し，自分の理解がまちがっていないかどうかを相手に確認する作業です。言い換えること自体はスピーキングにあたりますが，これはリスニングがしっかりできていないと達成できません。きちんと聞いて理解していなければ，相手の言っていることを繰り返すことはできないので，言い換えることは考察力とともに集中力を養うのにとても役立ちます。

たしかに，相手が言ったことを自分の言葉に置き換えて伝えるという作業は，語彙力のまだ少ない英語学習の初級者にとってはかなりハードルが高いものです。しかし，集中して内容を理解しながら聞く習慣をつけることは大切ですので，まずは日本語で練習するとよいでしょう。ここで重要なのは，相手の言ったことを丸暗記してまったく同じ文章で復唱するのではなく，要点を聞き取り，自分の言葉でまとめるスキルを培うことです。つまり，類義語などの語彙力を駆使して多種多様な文章に構築しなおす高度なスキルが求められるため，母国語である日本語でこのスキルをまずマスターすることが大切なのです。

1章で述べたとおり，母国語でもっている能力をフルに使うことで外国語習得は早まることがわかってきています（Collier, 1995；Cummins, 2008）。日本人の英語学習においても，言い換え（Paraphrase）の練習をすることによって，集中して聞く習慣がつくだけでなく，語彙力が向上するうえに，さまざまな言い回しを応用する力がつき，丸暗記の棒読みではなく，実際に使える英語を身につける習慣を作る基礎となります。以下に，内容を理解しやすいよう日本語で，簡単な言い換えの例をあげてみます。

例：二人一組で会話の練習をします。「週末に何をしましたか。できるだけ詳細を入れて（だれが，いつ，どこで，なにをしたか）パートナーの生徒と話をしてください」というお題を出すとします。そのときに以下のような言い換えができるとよいと思います。最初のうちは会話中にメモを取ってもかまいません。

生徒Ａ　私は土曜日にお母さんと一緒にショッピングモールに買い物に行き，お父さんの誕生日プレゼントを買いました。お父さんは釣りが好きなので，釣りのときに使える帽子を買いました。

生徒B　つまりAさんは，お父さんが好きな釣りにかぶっていける帽子をお誕生日のお祝いとして贈るために，お母さんと一緒に土曜日にショッピングモールに行ったのですね。

一見すると簡単な作業に見えますが，意外に母国語でも要点を漏らさず聞き取ることは難しいことがわかるでしょう。しかし練習を重ねることにより，相手の言っていることに集中して聞く習慣がつき，語彙力も増え，要点を統合する力がつきます。この統合する力は，前述の「教育的な会話」における5番の「Synthesize conversation points（会話の要点を統合する）」にあたります。母国語の言語力は，外国語習得との間に互換性があるといわれており（Collier, 1995；Cummins, 2008），子どものときから聞く習慣と確固たる言語力を母国語でつけている子どもは，私の経験上でも英語習得がたいへん早い傾向にあります。まずは，しっかりとした母国語の能力を確立することが大事なのです。（島津）

## 5　疑問をもち，質問する

英語学習において，うまく聞き取りができないということは多々あるものです。しかし，諦めてしまうのではなく，「もう一度おっしゃっていただけませんか」「ゆっくり話していただけませんか」と食らいつく勇気と根気を養うこともたいへん重要です。

一般的に日本人は英語がわからないのは自分の非であると思い込み，相手に聞き返すのは失礼だと思って躊躇したり，恥ずかしいからとすぐに諦めてしまったりしがちです。しかし，わからないまま会話を続けたり，途中で会話を放棄したりしてしまうほうが，よほど相手に失礼です。英語がわからない人に対してわかりやすく説明する責任は，話者にもあります。しかし，わからないと伝えることは聞き手の責任です。勇気を出してわからないと伝えたら，相手はもっとわかりやすい言葉に言い換えてくれるかもしれません。

そしてさらに，前述したとおりリスニングの最中に思考をめぐらせているかどうかが重要です。Paraphraseをするとき，途中までは何となくわかったけれども詳細がよくわからなかった，という経験はないでしょうか。そのときは，「つまりあなたがおっしゃっていることは……というところまではわかりましたが，その先をもう一度詳しく教えていただけませんか」とたずねることにより，「Paraphrase（言い換える）」だけでなく，「Clarify（明瞭にする）」をすることにもなります。

さらに上のレベルをめざすのであれば，聞き取った内容の正当性や賛否を自問し，新たな疑問がないかを考えます。思慮深く考察しなければ質問は生まれません。ですから私は，質問してくる子どもたちには「質問が出てくるのはよく考えている証拠だよ。グッジョブ（Good job）！」と，毎回ほめるようにしています。

子どもたちに質問を奨励するには，英語の時間以外でも，子どもが安心して質問できる環境を学校でも家庭でも整えることが大切です。しかし，日本では質問すると，「自分の頭が悪いと思われてしまう」「みんなの時間をとってしまうのは申し訳ない」「目立ちたがりや」など，学年が上がるにつれてあまり肯定的にとらえられていないことが多いようです。しかし，自分がわかっていないときにほかの人が質問してくれて助かった，という経験は誰にでもあるでしょう。「疑問に思っているのは自分だけではない」「質問することで視野を広げ，新たな知識を得ることができる」と認識を変え，「質問大歓迎」，「質問＝考察力がある」と肯定的なイメージを大人（教師や保護者）と子どもの両者に定着させることが重要です。（島津）

## 6　自分の考えを構築し，新しい学びを得る

リスニングの作業は，ただ言葉を聞き取るだけではなく，内容を理解することが本来の目的です。しかし，少なくとも教育的な会話の視点からは，内容がすべてわかったからといって，そこで完結すべきではないと思います。繰り返し述べますが，内容を理解したら，次にそれを吟味し，疑問意識を

もって本当にそのままの内容を信じてしまってもよいのだろうかと自分や人に問いかけたり，自分はその内容に賛同できるか否かを考えたり，自分なりの答えや意見を出すことが重要です。そこでやっと何らかの学びが会話から得られます。これこそが批判的思考の原点だと私は考えています。

しかし，これはなかなか難しいものです。アメリカでは幼少期から議論などを通して自分の意見を発信することをしっかりと教えていきます。日本の子どもたちにも，先生や保護者の言うことを鵜呑みにするのではなく，常に問題意識をもつ習慣をつけ，引け目や忖度（そんたく）なく自分の意見を言える健全な環境を整えてあげることが大切です。それにはまず大人が子どもたちからの挑戦（問題意識や意見）を喜んで受け入れる器が必要になるでしょう。

そして，論理的な思考をもとにした議論を奨励することにより，子どもたちが自分の考えを構築し表現することの必要性と大切さを学習することができるようになるでしょう。また，学びは教科書や先生の講義からだけでなく，同年齢のクラスメイトからも得られることを知ることも大切です。深い会話をすることであらゆる人の考え方に触れ，見聞を広め，柔軟な思考力を培う一助にもなります。そのためには相手の話をきちんと聞き，相手と向かい合って深い会話をすることの重要性を子どもたちに教えていく必要があります。

（島津）

## 7　相手の文化を知る努力をする

リスニングをより深く理解するためのプロセスを上記で説明しましたが，最後に付け加えたいのは，話している相手の文化を理解する努力をするということです。

たとえば，日本では大げさなジェスチャーを交えて話をすることはあまりありません。しかし，他の国ではジェスチャーや表情がとても豊かな場合もあります。相手のジェスチャーや表情を読みとることでその人のいわんとすることの理解を深めることができるため，相手を見ながら話を聞くことはとても大切です。また相手が自分を見て興味をもちながら話してくれているか，うなずいてくれているか，相槌を打ってくれているかなどを観察し，相手と意思疎通ができているかを確認すると役立ちます。同様に自分が相手に興味をもって聞いていると意思表示する必要も出てきますので，自分自身も聞いているときに相手の目を見る，うなずく，相槌を打つことが重要です。このようなジェスチャーは国や文化によって異なりますので，まずは話している相手のことを知ることが大切です。たとえば東アジア圏の国々では，とくに相手が目上の場合は伏し目がちに話すことが好まれ，じっと視線を合わせるのは失礼にあたることもあります。西欧人と話す場合には，視線を合わせたほうが好印象となることが多いようです。

私はアメリカ人の知人から，日本人と話していると無表情なことが多く本当に理解してくれているのかどうか不安になる，とよくいわれます。真面目に聞いていても，日本人はこのような印象をもたれてしまうことがあるのです。欧米人と話をするときは誤解を避けるためにも，相手の目を見て会話をする，興味や疑問を表情で表しながら（相手の視覚に訴えながら）話を聞くといった，相手の文化に合わせたコミュニケーション方法を知ることも大切です。

逆に英語がよく聞き取れていないのに，安易にうなずいたり，「Yes（はい）」と言ったり，微笑んだりする人もよく見かけますが，これを多くの西欧人は「あなたの言っていることをすべて理解し同意します」という意味だと受け取ります。つまり，英語の内容がよくわからないまま微笑んでうなずいていたら相手からは理解しているものと思われ，知らぬうちに相手に同意してしまっていた，などということが起きてしまいます。日本人は「あなたの言っていることを私はすべて理解できないけれども，真面目に全力で聞いています」というジェスチャーとして無意識にうなずいているとしても，誤解を招いてしまうのです[19]。

[19] 日本にも在住経験があり，日本語や英語を含む数か国語のマルチリンガルで米国在住のコンサルタントであるケリアン・パノス氏のセミナーに何度か参加し，このようなとても興味深い日米文化比較について学びました。

日本にも「聞くは一時の恥，聞かぬは一生の恥」ということわざがあるとおり，英語学習の際に聞き取れないときには思いきって質問しましょう。そして，その場しのぎのあいまいな返事をせず，何度も聞き返す「勇気」と「粘り強さ」を養い，強い気持ちで臨むこともリスニングが上手になる秘訣です。学校現場においては「聞き返すことは恥ずかしいことではない」という，子どもたちが安心して質問できる環境を（英語のクラス以外でも）常日頃から作っておくことも重要です。

また，Whole Body Listening（全身で聞く）では，人の話を聞いている最中に手で何かを触ったり，足をぶらぶらさせたりして気が散っている子どもたちには，自分の体の動きを自己認識させ，自己制御できるようになることが必要だと説かれていました（Poulette, 2017）が，これは日本でも学校や家庭で厳しく注意されることだと思います。しかし，子どもに自己認識させるという点では，あまりうまくできていないかもしれません。親や教師が上から目線で叱ることはあっても，自分の体をどのように動かして，どのように制御したらよいかを口で説明し，スキルとして教えることは少ないのではないでしょうか。昨今では注意欠陥・多動性障害（ADHD）をもつ児童生徒にとっては，自分の意思とは別に自己制御がままならない状況におかれることもあるとわかってきました。人の話を聞くときに「まわりの物に触るな」「足をぶらぶらさせるな」と叱るだけでなく，そうなってしまう理由や原因は何なのか，そしてそうさせないためには何を与えてやればよいのかを考え，手本となる姿勢を口で説明し，態度で示す必要があります。アメリカでは，落ち着きがないと思われている子どもには，脳が感覚刺激を欲しているために体を制御することができない可能性があると考え，ほかの感覚刺激を脳に送れば収まることがあるので，「感覚統合障害（Sensory Processing Disorder）」で使う手法を取り入れることもあります。たとえば，手のひらの中に収まる小さな柔らかいボールなどを授業中に握らせるなどして手から別の刺激を送ることでリスニングの妨害となっている行動を抑えるという手法をよく使います。アメリカの現地校の先生たちはそのようなツールを教室の中に常に用意しているため，使い慣れてくると子どもたちが自分の行動に自分で気づき，みずからツールを求めて使っている子どもたちもたくさんいます。これが自分で行動を認識し制御する姿勢の例です。

最後に日本人のお子さんがアメリカの現地校で受けるカルチャーショックを一つご紹介します。アメリカの学校では，椅子に座る以外に，教室の床やカーペットの上などに直に座って先生の話を聞いたり，読み聞かせをしてもらったりすることが多々あります（1章参照）。アメリカの学校には上履きの習慣がなく，教師も子どもも土足で教室にいますので，そのような地べたに直接座って学習する習慣のない日本人の児童生徒たちには抵抗があるところです。しかし，さらに戸惑うのは，そのときの適切な座り方とされているのが，体に負担の少ないあぐらなのです。日本ではあぐらをかいて人の話を聞くのは，失礼となる場合がほとんどだと思います。とくに女性があぐらをかいたりすると品位がないなどと叱られてしまうこともしばしばです。

文化が違うと常識も異なりますが，まわりの空気を読んで，合わせられる柔軟性も大切です。もしどうしても合わせることができない場合は，その理由を相手に伝える努力をしなければなりません。

しかし，私の経験上，日本人は大人も子どもも，目上の人が言うことは絶対だと思い込んでいる傾向が強く，日本ではタブーであることをアメリカで強いられることにストレスを抱えているものの，じっと耐えるだけで，相手に理解を求めようとはしません。子どもの場合は結局できなくて泣いてしまったり，学校に行くのがいやになってしまったり，先生やクラスメイトを拒否したりするケースもあります。先生はびっくりして，子どもに理由を聞きますが，子どもは答えてくれないので，一体何が原因なのかがわからず途方に暮れてしまうこともしばしばです。これは，論理的に理由を考えたり，自分の気持ちや考えを言葉にして目上の相手にも説明したり，伝えることに慣れていないためであることが多いので，まずは日本語で論理的な考察をしたり，気持ちを言葉にしたりする機会を増やすことが必要です。これは多種多様な人々とグローバルな社会で円滑なコミュニケーションを取るのに必須のスキルです。

このように，文化が異なることによるストレスもリスニングに影響することは十分考えられます。日本ではあまり習慣化されていないコミュニケーションスキルを子どもたちに言葉で説明しながらリスニングの要素としてあわせて学習し，相手の文化に応じて対応できる柔軟性を養うことも重要であると思います。

（島津）

## 8　日本人が英語を聞くとき

### （1）日本人には聞こえない英語特有の音域があるのか

「日本語だけを聞いて成長すると，日本語にない英語特有の周波数の音声が聞こえにくくなる」というまことしやかな言説を目にすることがあります。これを検証するには大規模な調査が必要ですが，個人的には，こんなエピソードがありました。

20代で初めて日本を出て，渡米後20年ほど経ったころ。ニュースなどの英語は問題なく聞き取れ，日常の英会話にも不自由しなくなっていましたが，10代になった子どもたちが近くで夫と英語で話しているときに，ふと耳に入った事柄について会話に入ると，それが聞きまちがいであったということが時折起こるようになりました。これに家族も自分もフラストレーションが生じ，夫には半ば揶揄を込めて「耳を検査してもらったら」とまで言われました。自分でも「日本語ネイティブであるための特有の問題なのか」という疑問がわいて，定期健診時，主治医にそのことを話し，耳鼻科で耳の検査をしてもらいました。外部から遮音された小さな検査室に入り，ヘッドセットを装着して，信号音が聞こえるか聞こえないか答え，聞こえてくる英単語を復唱するといった30分間ほどの検査でした。

結果は，「検査した全周波数域で正常に聞こえている」とのこと。検査医からは「家族の会話を生半可に聞くのではなく，きちんと聞くといいのでは」とアドバイスされました。そう言われると思いあたる節もあり，それ以後はきちんと会話に耳を傾けてから話に参加するようにしました。あるいは「今，何の話をしていたの？」というように慎重に話しかけるなどして，この問題は徐々に解消していきました。子どもは子ども特有の省略の多い早口で話すこともあったので，聞きまちがいにつながったのかもしれません。家族に聴覚検査の結果を伝えると，聴覚障害を疑われることもなくなりました。

「人の話は集中して聞くこと」「聞きまちがいをしているかもしれない場合は，相手に慎重に話しかけること」は多くの英語学習者にとっても留意すべき点ではないかと思います。

### (2) リスニングを練習するときのポイント

英単語は正しい発音（標準的な発音）で覚えるのが大前提です。ローマ字表記を習得した学習者は，英語をローマ字読みしてしまいがちです。いったんローマ字読みで英単語を覚えてしまうと，正しい発音を聞いても，対応する単語を瞬時に思い出せないのはいうまでもありません。英単語を正しい発音と結びつけてしっかり記憶しておくことはリスニングの大前提です。

リスニングの基礎知識となるフォニックスは，英語のつづりと発音の関係を学ぶための基本メソッドで，アメリカでは小学校低学年で履修します。英語のつづりと発音には例外も多々ありますが，ローマ字読みを防ぎ，英語を正しく発音するうえでフォニックスの知識は不可欠です。フォニックスは，リスニング，スピーキング，リーディング，ライティングの4技能すべてに役立つため，本書では各章でフォニックスに言及しています。

リスニング上達の大きな鍵は，英語を「かたまり」で聞けるようになることです。英語には，ひとまとまりで発話される表現がたくさんあります。たとえばI should have（～しておけばよかった）の縮約形I should've は「アイシュドゥヴ」のように発音されるので，「アイシュドゥヴ」－I should've －「～しておけばよかった」をしっかり結びつけておくと，聞いた瞬間に理解できるようになり，リスニングが楽になります。

その先にあるきわめて重要な目標は，「かたまり」で瞬時に理解できる「音声カタログ」を充実させていくことです。これはリスニングの力をのばすための肝ともいえます。上記のように「かたまり」で聞いて瞬時に日本語で理解できる英語表現を蓄積していくと，リスニングのストレスが格段に軽減されるのです。

音声を聞いて，その英語表現と意味を（余力があれば，用法と文脈も）すぐに思い出せるようになることが目標です。ただし，学習した表現や意味を忘れてしまうのはよくあること。忘れても気に病まず，淡々と繰り返し記憶を強化していく地道な努力こそが，確実に実を結んでいくのです。

リスニングのストレスが薄れていくと，自分でも驚くかもしれませんが，実際の会話中，自分の「知っている音声」と「知らない音声」を区別して聞けるようになります。そして，What's ○○？（○○は「知らない音声」を聞こえたまま復唱）のように，確認の聞き返しができるようになるのです。これは英会話スキルにおける大きな進歩であり，これにより会話の流れを止めることなく相手から新しい表現や知識を学ぶことができ，英会話への心理的な抵抗も和らいでいきます。

ところで，英語ネイティブの多くは，ふだんの会話で（リスニングでもスピーキングでも）逐一つづりを思い出すことはありません。テレビやラジオ，動画なども音声中心ですので，ネイティブでも日頃読み書きする機会がないと，会話にまったく支障がなくても，どんどんつづりが怪しくなっていきます。見方を変えると，これは，つづりが変則的で記憶に余分な労力を要する英語の，言語としての難点ともいえます。日本語でいうと，見聞きすることはあってもめったに書かない漢字が次第に書けなくなっていくのに多少似ています。

次節では，上記の「音声カタログ」を効率的に構築する方法を具体的に示します。　（丑丸）

## 9　字幕付き動画を活用したリスニングの練習

英語と日本語で選択的に字幕を表示できる動画は，リスニングをのばすうえで最適な教材です。発表や演説のテクニックを学ぶにはそのようなモノローグ動画（対話のない，話者が1人だけの動画）が適していますが，会話やドラマ形式の動画のほうが多様なトレーニングを行えるのでおすすめです。教材とする動画は一つだけではなく，いくつか選んでバリエーションをつけるとよいでしょう。トレーニング方法は，たとえば次のようなものです。

①まず，日本語字幕でひととおり内容を確認する。

②英語字幕を見ながら（または英語を聞きながら），日本語の意味と対応づける。

③英語字幕を見ながら英語を聞いて，英語のつづりと発音を対応づける。

④英語を聞きながら，英語のつづりを頭の中で再確認する。必要に応じて英語字幕を見る。英語を繰り返し聞いていると，ひとまとまりの表現が徐々に聞き取れるようになっていく。1回聞いておしまいではなく，何度も繰り返し聞く。

⑤聞き取れた音声のかたまりを英語字幕と照らし合わせ，対応する英語表現と意味を確認し，これらをセットでしっかり身につける。自分でも使えそうな表現は，実際に口に出して繰り返し練習する。記憶を強化するためにメモして見返す。

字幕つき動画は，リスニング力だけでなく，スピーキング力の向上にも役立ちます。上記④のトレーニングで英語を繰り返し聞くとき，気分転換を兼ねてシャドーイングを行うと，スピーキングの練習も行えます。「シャドーイング」とは，耳に入った英語を間髪おかず聞こえたとおりに復唱していくことです。完璧にできなくても，物まねや演技のつもりで，抑揚や発音の特徴をとらえるようにすると，生きたスピーキングを自分のものにすることができます。余裕が出てきたら，シャドーイングしながら頭の中で，発話中の英語の意味を日本語で確認します。

また，字幕つき動画は，さらに会話力の向上にも役立ちます。上記のように覚えた英語表現は，どのような状況で，どのようなニュアンスで使われたかもあわせてセットでしっかり覚えることが肝要で，「こんな場面では，こんな表現がこんな語調でよく出てきたな」と記憶にとどめると，実際の会話でも似た状況で相手の言動を予測しやすくなり，自分も覚えた表現を感情を込めて使えるようになって，会話力が大きく飛躍します。日本の典型的なテレビドラマなどを見ていると，会話の流れや次のせりふをぴったり予測できることがあるのではないでしょうか。英語でもそれに通じるものがあるのです。なお，「この状況では，自分なら，このように言うのではないか」と感じた場合は，その英語表現も調べて一緒に記憶しておくと，動画の模倣ではない，自分なりの会話ができるようになります。

会話力の応用トレーニングとして，動画の英語を聞いてすぐに理解できるようになったら，今度は聞きながら返答を考える練習をします。リスニング・トレーニングの肝は，すぐに取り出せる記憶としての「音声カタログ」を充実させることにより，英語音声を聞いた瞬間に日本語で理解できるようにすることでしたが，それができるようになってきたら，聞いて理解しながら日本語で返答を考え，英語で言う訓練に少しずつ挑戦します。

最初は動画の返答をそのまままねてかまいません。ただしまねであっても，必ず頭の中で日本語での意味をふまえ，感情を込めながら英語の返答をするようにします。なぜなら，学習者にとって思考の根幹を成している日本語を英語としっかり結びつけながら発話すると思考が英語に直結していくため，徐々に思考を英語で表現できるようになり，いずれは英語でも思考できるようになる新たな第一歩をふみ出せるからです。

前記で「アイシュドゥヴ」という音声を例に出しました。「アイシュドゥヴ」と聞いて「～しておけばよかった」と I should've をすぐに想起できるようになると，今度は「～しておけばよかった」という思考が日本語で浮かんだとき，それに直結した「アイシュドゥヴ」すなわち I should've が瞬時に口から出るようになります。このように，聞くときも発話するときも，頭の中で英語と日本語がすばやく行き来する作業が可能になるのです。このように，リスニングと同時に返答を考え，意味や感情を込めて実際に発話する練習を重ねていくと，学習者は英会話の思考ペースに次第に慣れていくことができます。

さまざまな動画を使って以上のトレーニングを重ねていくと，学習者は英語で聞き取れることの幅が広がり，日本語と英語ともに話題の引き出しが増え，英会話への不安やストレスが次第に薄れ，実際の練習に基づいた根拠ある自信がついていきます。英会話スキル向上の相乗効果として，日本語の会話力も高まる可能性があります。学習者が各自の興味や関心に応じて動画を選べるようにすると，学習の意欲や効果もいっそう高まるでしょう。

字幕つき動画を使ったトレーニングでは，異文化への理解も深まります。会話では，発話者の文化や社会規範が随所に現れます。動画を視聴していると，文化を異にする学習者にとって違和感を生じるやりとりや慣習もあるかもしれませんが，学習者がそれをそっくり取り入れて自ら実践する必要はまったくありません。そのような文化もあるのだと理解して，知識として記憶に留め置くだけでいいのです。

疑問に感じることがあったら，それについてウェブ検索などで調べると，歴史的な経緯なども含めた深い理解が得られることが多く，異文化を広い目で客観的に見られるようになります。その後，実際に同様な場面に遭遇することがあれば，「ああ，これがあの動画で見た文化か」と思い出すことで，不要な誤解をすることなく，必要に応じてその文化に則した振る舞いもできるようになっていきます。

このように，字幕動画を活用したリスニングの練習は，応用次第でスピーキングや会話の力ものばすことができ，さらに異文化理解も深まる総合的なトレーニングといえます。 （丑丸）

3章

# スピーキング能力をのばす

島津由以子　丑丸直子

## 1 スピーキング能力とは

スピーキングにはさまざまな形態があります。たとえば，話を語りたいのか，何かを説明したいのか，誰かを説得したいのか，自分の感想を述べたいのかなど，目的に合わせて備えておきたい能力や話し方が変わってきます。たとえば，人前で演説するようなスピーチでは説得力が求められるのに対し，日常生活の会話における目的はあいさつだったり，感情を伝えることだったり，交渉だったりと多種多様です。

会話とは，相手が話していることをしっかり聞き，その内容を吟味し理解を深めたうえで，それについて自分の意見や考えを構築し，わかりやすく明瞭に相手に伝えることです。それを相手と交互に繰り返して，お互いにその会話から学び合うことが理想的な会話です。（島津）

## 2 「質問する＝考える力」を養う

理想的な会話には，高度な言語力と思考力が求められます。それを英語で行うとなると，ハードルはさらに上がります。私が渡米を決めた30年あまり前には，日本で留学に関する本を入手しようとしても，街の洋書専門店に行かなければならず，しかも，そこで見つかったのは留学誌1冊とTOEFL試験問題集1冊の2冊のみでした。しかし，現代では留学や海外生活に関する本やネット情報はずいぶん増え，海外の人々と接する機会が増えました。異なる人種や文化の人々と対等に，そしてしっかりと自分たちの足で立って歩んで行くには，コミュニケーション力を高めなければなりません。それにはお互いのことをよく理解し，ともに学び合うことができるだけの英語力，会話力，考察力が必須だと思います。

では，どのようにしたらそのような力がつくのでしょうか。一般的に日本人は英語を話すことを苦手に思っている人がたくさんいます。もしあなたもその一人なら，その理由が何なのかをここで考えてみましょう。

まず，具体的に例題で試してみましょう。下記の英語を読んでください。

**Some people say that children should be allowed to use cellphones in school. Do you agree with this opinion?**

上記の文を口頭でパッと言われたとき，すぐに答えられますか。咄嗟に英語で答えられないと思うのならばその理由は何でしょうか。もしも，何を聞かれているのか聞き取れないからという理由であれば，リスニングに力を入れる必要があるでしょう（2章参照）。

また，聞かれていることが何となくわかったとしても，どうやって答えたらよいのかがわからないという理由であれば，さらにその具体的な原因を探ってみましょう。たとえば，英語の文章が出てこないということでしょうか。もしそうであれば，日本語ならすぐに文章がスラスラいえるでしょうか。

また，もしも答える内容そのものが日本語でも出てこないなら，聞かれている話題自体の知識が欠如している可能性が高いので，英語力と直接関係があるとはかぎりません。質問が聞き取れないのか，質問が聞き取れていても応答するための英語力が足りないのか，それとも質問への答えそのものが出せないのか，原因を自覚することが大切です。

さらに，学び合う会話をするための例として，「例を用いて考えを裏づける」と「相手の考えに沿って会話を構築したり，反対意見を唱えたりする」というのがあります（Zwiers & Crawford, 2011）。しかしながら，実際の英会話では「Yes」か「No」だけですませてしまおうとする人をよく見かけます。自分の意見を構築するにあたり，賛否どちらの意見でも，ただ単に賛成か反対かを唱えるだけでは説得力がありません。それを裏づける具体的な根拠や例が必要です。論理的に説明することで，たとえ相手が異なる文化，言語，価値観をもっていたとしても，誤解のないように伝えることができます（意見文については5章参照）。

では，前述の例題を用いて，根拠を提示しながら説得力のある話し方の例をあげてみます。みなさんも回答例を見る前にどのくらい理由と例をあげることができるか考えてみてください。

問題：
Some people say that children should be allowed to use cellphones in school. Do you agree with this opinion?
子どもが学校で携帯電話を使うことは許されるべきだと言う人々がいますが，その意見に同意しますか？

| 賛成意見の回答例 | | 反対意見の回答例 | |
|---|---|---|---|
| 理由 1 | インターネットですぐに調べることができる。 | 理由 1 | 授業に集中できない。 |
| 例 1 | 授業中に知らない言葉や事柄が出てきたときに，オンライン辞書やインターネットで資料を調べ，すぐに情報を得ることができる。 | 例 1 | 携帯電話を学習以外の目的で使用してしまうと注意散漫になる。 |
| 理由 2 | 緊急時に連絡できる。 | 理由 2 | 貴重品である。 |
| 例 2 | 火事や災害などの緊急時にすぐに救急車を呼んだり，家族に連絡したりすることができる。 | 例 2 | 携帯電話は高額であるので，学校で紛失したり，損傷したりすると問題である。 |

英語を話すことが苦手だと思っている人の中には，実は英語のスキル以前に答えが出てこない人がたくさんいます。ですから，まずは自分の母国語での会話力と考察力を見直し，強化する必要があります。

次に，英語が聞き取れないから話すことができない場合の対処法としては，ズワイアースとクロフォード（Zwiers & Crawford, 2011）が奨励している「言い換え（Paraphrase）」（相手の言ったことを自分の言葉に換えて言い直すこと）をしながら，わからないところを質問してみましょう（2章参照）。繰り返し述べているとおり，質問することは恥ずかしいことではありません。わからないまま相槌を打ったり，作り笑いを浮かべたりするより，理解するために一生懸命質問して努力する姿は，相手から好感をもたれることのほうが多いものです。

以下では2章のリスニングであげた会話の例題と同じものを使ってスピーキングの説明をしていきます。

「週末に何をしましたか。パートナーの生徒と話をしてください」と，特別な指示なく尋ねると，生徒たちの会話は以下のようなものになる恐れがあります。

生徒Ａ　私は買い物。
生徒Ｂ　ふーん。
生徒Ａ　Ｂさんは何をした。
生徒Ｂ　私は映画。
生徒Ａ　ふーん。
生徒ＡとＢ　先生，話し終わりました！

これでは何の学びもないうえに，会話自体がすぐに終わってしまいます。また，文法的にも完全な文を使っていません。この調子で会話をしていると，英語の学習にマイナスの影響を及ぼします。なぜなら，日本人の多くはこの会話で使ったような日本語をそのまま英語の文章に直訳しようとするからです。

実際にこの会話を日本人が英語に直訳した例を見てみましょう。

生徒Ａ　**I am a shopping.**（私は買い物）
生徒Ｂ　**Okay.**（ふーん）
生徒Ａ　**What did you do?**（Ｂさんは何をした）
生徒Ｂ　**I am a movie.**（私は映画）
生徒Ａ　**Okay.**（ふーん）
生徒ＡとＢ　**We finished talking！**（先生，話し終わりました！）

上記の会話の英訳には大きなまちがいが２か所あります。「I am a shopping.（私は買い物）」と「I am a movie.（私は映画）」です。これらの文章では「I am a teacher.（私＝教師）」という文章とまったく同じ構文を使っているので，「私＝買い物」，「私＝映画」となり，「あらあら，あなたは買い物でも映画でもなく人間ですよ」と思わず突っ込みたくなる構文になっています[20]。日本語における「主語」は「文の主題」であることが多く，助詞の「は」は，必ずしも実際に行動を起こした主語とその行動を説明する動詞が結びついているわけではありません。また，この例文では動詞を省略してしまっています。英語を話す際，動詞は重要な位置を占めており，動詞がない文は意味を成しません。ほとんどの日本人の初級英語学習者は，最初に日本語の文を考えてから英語の文に訳して話をします。しかし日本語で完全な文を話す習慣がついていないので，英語の文をきちんと組み立てることができません。上記の例の日本語会話を完全な文にすると，「私は買い物に行きました」となり，「I went shopping.」が正しい英語の文で，2つ目の文は「私は映画を見ました」が完全な文ですので，英語では「I saw a movie.」となります。つまり，日本語で完全な文を話す機会が少なくなればなるほど，英語できちんとした文で話せなくなる，といっても過言ではありません。また，私が日本人夫婦や親子の会話でよく耳にするのが「お母さん，お茶」などの言い方です。「お茶」という一単語でのコミュニケーションは命令形となり，これは日本語でも英語でも横柄で失礼な口調です[21]。親や教師など大人同士の会話にも子どもたちは耳を傾け手本としています。ですから，たとえ親しい間柄でも単語だけでやりとりせず，きちんと文でコミュニケーションをすることが大切です[22]。完全な文できれいな日本語を話すことは，英語できれいな文を話すことに直結します。日本語での親子の日常会話や，生徒が教師の質問に答える場合も，1単語で答えるのではなく，主語と述語がともなうきれいな文で話す習慣や機会を多くつくるとよいと思います。

さて，与えられた課題（週末何をしたか）の答え（買い物をした）を聞いたからといって，会話を終了させては学びがありません。「ふーん」と相槌

---

20　尾見によるコメント：俗にいうウナギ文です。

21　この例では「お母さん，お茶を入れてもらえますか」など希望や依頼の文で話すことにより，家族にも敬意を表し，場も和む言い方となります。

22　尾見によるコメント：命令，報告のときなどに「集合！」「解散！」など名詞だけで伝達することも日本ではよくあります。

を打って満足するのではなく，もっと自分から好奇心をもって，「買い物に行ったときに，何を買いましたか？　どのお店に誰と行きましたか？」など，自分がまだ知らないことを「5W1H（who, what, when, where, why, how)」と呼ばれる質問（だれが，なにを，いつ，どこで，なぜ，どのように）を使うことによって，よりたくさんの学びを得ることができ，そのうえ会話を長続きさせることができます。

つぎに，相手の言うことが聞き取れ，質問されている内容が理解できている場合は，大きく分けて２つの方法で応答することができます。

1　質問する
2　コメントを出す

ここでいう「質問する」とは「もう一度言っていただけませんか」などの聞き取れなかった場合の質問ではなく，知識を広げたり，内容を深く掘り下げたり，相手を理解したりするための質問です。たとえば，「例をあげていただけますか」「根拠を教えていただけますか」「あなたのご意見を聞かせていただけませんか」など詳細を求める質問です。

そして「コメントを出す」というのは，自分の意見や考察を相手に伝えることです。それにより自分が考えていることを相手に理解してもらえます。この両方をうまく使いこなすことによって，会話が続き，学びがあります。

たとえば，自己紹介をする場合にただ名前を名乗っただけで終わりにならないようにするためには，以下のような会話をすることにより，相手のことをより知ることができます。

太郎　Hello. I'm Taro. Nice to meet you.（こんにちは。私は太郎です。はじめまして）
花子　Hello. I'm Hanako. Nice to meet you, too.（こんにちは。私は花子です。はじめまして）
太郎　Do you live around here?（質問：この辺りに住んでおられますか）

花子　No, I live in Boston.（いいえ。私はボストンに住んでいます）

太郎　Really? I've never visited Boston before, but I know that Boston Red Sox are a famous baseball team.（コメント：ほんとうですか。私はボストンを訪れたことはありませんが，ボストンレッドソックスが有名な野球のチームだということは知っています）

花子　Oh, do you like to play baseball?（質問：そうですか。野球をするのは好きなのですか）

太郎　No, I don't. But, I like to watch baseball games on TV. Do you play any sports?（コメントと質問：いいえ。しかし，野球の試合をテレビで観戦するのは好きです。あなたは何かスポーツをされるのですか）

このように，相手が言ったことに対して，コメントを出したり，さまざまな質問を投げかけることにより，話題が広がり，会話もはずみ，相手をより深く知ることができます。

このような会話の目的は学びであり，よりよい人間関係を育むことですが，日本では会話の仕方を学校で体系立てて教えることはあまりありません。しかし，これを意識的に子どもたちに教えていくことで，日英両語の言語能力が向上するはずです。

アメリカでは幼稚園の頃から，上記のような会話の仕方をさまざまな学習活動を通してしっかり教えています。子どもたちはクラスメイトの前で自分が書いた話や絵を見せたり，プロジェクト発表をしたり，自分の意見をみんなの前で述べたりします。話し終わると，「質問やコメントはありますか」とクラスメイトたちに尋ねます。このとき，たくさん手があがり，各自が思っていること（フィードバック）を共有します。疑問があれば質問し，疑問がない場合はコメントを出します。それらの質問やコメントからまた新たな発見や疑問が生まれ，さらに会話が活性化され，予想以上の学びがあることもあります。

幼いときから長年このような練習をしている外国人（英語圏以外の外国人

も含む）と比べ，人前でスピーチをしたり，質問をしたり，意見を述べたり，プレゼンテーションをしたりといった練習や経験がまだまだ少ない日本人との差は大きいと感じます。人前で英語を話すことに苦手意識をもっている人であっても，経験をたくさん積むことによって苦手意識を緩和することができますから，人前で話す機会を日本語でもどんどんつくり，慣れていく練習をすることが大切です。

また，コミュニケーション力は言語能力だけではのばすことができません。前述したように，深い思考力や認知力が鍵となります。そして，会話を持続させるには，好奇心もなくてはなりません。自分は相手から何かを学びたいという意欲がなければ，有意義な会話は生まれません。それには受験やテストのための暗記や，型にはまったディスカッション，教師や保護者からの一方通行的な会話や指導は何の役にも立ちません。子どもたちが自分の声を堂々と人前で出せる機会を増やし，受け身ではなく，自分から興味をもち，学びたいという意欲や姿勢，そして相手の意見を受け入れる大きな度量と柔軟性を育てることが必要です。それにはさまざまな価値観に触れ，考え，議論し，自分の価値観がすべて正しいわけではないと学ぶ機会を増やすことが求められます。（島津）

## 3　カタカナ英語

英語を話すときに発音に自信がない人は多いと思います。日本人が英語を話すと，どうしても不要な母音が入り込んでカタカナ英語になりがちで，英語らしい発音に聞こえません。日本語をローマ字表記にするとよくわかるように，日本語では「n（ん）」の音以外の音節はすべて母音で終わります。しかし，英語の単語には子音のみで終わるものがたくさんあります。たとえば，「Book（/boŏk/）」は子音の「k」で終わります。「k」は無声破裂音なのですが，日本人が発音するときは，「k」のあとに「u」の母音を無意識に付け加えてしまうため，「ブックぅ」と有声音（/uː/）で終わらせてしまうので通じにくくなり，英語らしい発音になりません。ですから，子音で終わっている単語を発音するときには，母音を入れないように意識すると，英語らしくなります。

（島津）

## 4　フォニックス（音響学）

カタカナ英語ではなく，本来の英語らしい発音をするには，前章でも触れたフォニックスという音響学を用いた学習法がたいへん役に立ちます。スピーキングで使うフォニックスの学習では，単語のスペルの中にある1つ1つのアルファベット文字を見て，それぞれの文字がもつ音を出すことによって解読（Decoding）します。それにより，知らない単語でも上手に発音することができるようになります。たとえば，dog（犬）という単語を読む場合，「d（ダッ）－o（喉の奥からのア）－g（グ）」と3つの文字の音を1つずつていねいに出していきます。それらの3つの音を早く発音すると，「ダッグ」となり，よりネイティブに近い発音をすることができます。

以下にフォニックスの例をあげます。日本語は原則的には1つの文字に対して1つの音しかありませんが，英語では1つの文字が複数の音をもっている場合もあります。たとえば，母音にはショートサウンドのほかにロングサウンドと呼ばれる音があります。また，英語には日本語にはない音がたくさんあるので，カタカナ表記では正確に表すことはできませんが，できるだけ近い音のカタカナで表記してみます。発音記号を参照してご覧ください（中川，2015）。

（島津）

## アメリカ英語のショートサウンドの例

中川（2015）を参考に作成

| Aa [æ] | Bb [b] | Cc [k] | Dd [d] | Ee [e] | Ff [f] |
|---|---|---|---|---|---|
| アとエの間の有声音（母音）<br>エという口のままでアという。 | バッに似た有声音・破裂音<br>「P」の音を有声音にすると「B」の音になる。 | クッに似た無声音・破裂音 | ダッに似た有声音・破裂音<br>「T」の音を有声音にすると「D」の音になる。 | エに似た有声音（母音） | フに似た無声音・摩擦音<br>上の歯を下唇に置き息を吐く。 |
| **Gg [g]** | **Hh [h]** | **Ii [i]** | **Jj [dʒ]** | **Kk [k]** | **Ll [l]** |
| グッに似た有声音・破裂音<br>「K」の音を有声音にすると「G」の音になる。 | ハッに似た無声音・摩擦音 | イに似た有声音（母音） | ジュッに似た有声音・接近音 | クッに似た無声音・破裂音 | ルに似た有声音・側面接近音<br>舌を上顎に付け音を出す。 |
| **Mm [m]** | **Nn [n]** | **Oo [ɑ]** | **Pp [p]** | **Qq [k]** | **Rr [r]** |
| 「ン」と口を閉じで出す有声音・鼻音<br>マ行を言うときのように上下の唇を閉じて音を出す。 | 「ン」と口を閉じないで出す有声音・鼻音<br>ナ行の母音を入れる前の音で，上下の唇は開いたまま舌を上顎に付けて音を出す。 | 喉の奥からアという感じで出す有声音（母音） | プッに似た無声音・破裂音 | クッに似た無声音・破裂音* | ルに似た有声音・ふるえ音<br>舌をまく感じで上顎には付けない。 |
| **Ss [s]** | **Tt [t]** | **Uu [ʌ]** | **Vv [v]** | **Ww [w]** | **Xx [ks]** |
| スに似た無声音・摩擦音 | トゥッに似た無声音・破裂音 | アに似た有声音（母音）<br>あっと驚くときの「ア」。 | ヴに似た有声音・摩擦音<br>「F」の音を有声音にすると「V」の音になる。 | ウァに似た有声音・接近音 | クスに似た無声音・摩擦音 |
| **Yy [j]** | **Zz [z]** | | | | |
| ヤに似た有声音・接近音 | ズに似た有声音・摩擦音<br>「S」の音を有声音にすると「Z」の音になる。 | | | | |

＊Qで始まる単語の多くがQのあとにUをともなうので，その場合はQu/qu［kw］（クォ）という音になる。

母音のショートサウンドとロングサウンドの一部の比較

中川（2015）を参考に作成

| | A | E | I | O | U |
|---|---|---|---|---|---|
| ショートサウンドの例 | アとエの間の有声音［æ］ | エに似た有声音［e］ | イに似た有声音［i］ | 喉の奥から「ア」という感じで出す有声音［α］ | アに似た有声音（母音）［ʌ］ |
| 単語例 | apple | egg | ink | octopus | up |
| ロングサウンドの一部の例 | エィに似た有声音［ei］ | イーに似た有声音［iː］ | アイに似た有声音［ai］ | オゥに似た有声音［ou］ | ユゥに似た有声音［uː］ |
| 単語例 | cake | be | ice | joke | tube |

## 5　発音重視への警鐘

英語の発音は相手に通じるためにも大切なスキルです。発音が悪いと，相手は理解不能だとコミュニケーションをあきらめてしまう可能性もあります。発音がきれいであれば，意思疎通がスムーズになり，人間関係を構築しやすくなったり，相互理解も深まりやすくなったりします。ですから，きれいにわかりやすく発音するよう心がけるべきではあります。

しかし，日本人はネイティブレベルの発音へのあこがれがあまりにも強い感も否めません。きれいな発音で読めている児童や学習者に対して「英語が上手」という傾向も強いように感じます。しかし，発音がきれいだからといって，必ずしも内容がともなっているとはかぎりません。「発音がよい＝英語ができる」という誤解をしている人は多いのですが，英語の発音がネイティブであることと，英語が堪能に話せることはイコールではありません。

スピーキングのスキルをバランスよくのばすためには，発音にあまりにも執着するのはたいへん危険です。確かに大人になってから英語を学ぶと，ネイティブのような発音をすることは非常に困難かもしれません。レネバーグ（Lenneberg, 1967）によれば，およそ2歳〜思春期を超えると言語習得の臨界期となり，それ以降の言語習得は困難になるということです。また，スコーベル（Scovel, 1988）はさらに発音に特化し，12歳以上で第二言語を学んだ場合にはネイティブのような発音を習得するのは難しいと推測しています。

以上の観点から，子どもが日本に住みながら，両親が非英語話者であり，非英語環境の中で毎日生活するのであれば，ネイティブレベルの英語の発音を習得するのはかなり困難だといえるでしょう。だからこそ，幼稚園に入る前から子どもを英語塾に通わせたり，インターナショナルスクールに入学させたりする親もいるのでしょう。私の経験でも，駐在などの理由で一定期間のみアメリカに滞在予定の日本人家族が，日本に帰るまでに何とかネイティブ並みの英語力を子どもにつけさせたいという理由で，家でも英語中心の生活に切り替えようとするのを何度か見てきました。しかし，言語が発達段階の年齢の子どもにしっかり第一言語である日本語を確立させないまま英語環境にしてしまうと，日本に戻ったときには英語も日本語も中途半端となり，語彙力をはじめとする言語力が不足しているために年齢相応の思考力を養うことすら難しくなるという最悪のケースをいつも危惧してしまいます。

実際に使える英語のスピーキングとはネイティブ並の発音で話すことがゴールなのではなく，高度な思考力を養い，熟考した知識や意見を適切な語彙で明瞭に相手に伝えることが究極の目標であるということを忘れてはならないと思います。たとえ発音が完璧ではなくても，わかりやすく発音することを心がけ，きちんと整った構文で豊かな内容を話せるほうが成功だと思うのです。そしてそれには，しっかりとした第一言語（日本語）を培うことが英語習得に不可欠であるということを保護者や教育現場が理解する必要があるでしょう。

（島津）

## 6　スピーキングに関するよくある誤解

### 誤解1　「英語を話すときは，元気よくカジュアルな口調で話さなければならない」？

英語圏の人（とくに芸能人）の発言が日本語に訳されてメディアに載ると

きや，英語圏のドラマなどが日本語に吹き替えられるときには，不要にくだけすぎたり，きどったりした翻訳特有の不自然な日本語になってしまうことがとても多いようです。英語は日本語と比べて「敬語」「ですます調」「ため口」等の明確な線引きがないという言語背景はあるものの，なんとも奇妙な日本語に訳される慣習が定着してしまっています。

このような偏った翻訳に日頃から触れている結果，もしも「英語を話すときは元気よくカジュアルな口調で話さなければいけない」などと感じているとすれば，それは大きな誤解です。

**誤解２**「英語を話すときは，常に白黒をはっきりさせて押しの強い語調にしなければならない」？

このような思い込みがあるとしたら，これも大きな誤解です。たとえば，多民族国家アメリカには「アメリカ人」という平均的・画一的な人物像があるわけではなく，文化的背景も生まれ育った環境も千差万別です。陽気でおおざっぱな人もいますが，思いやりのある人，物腰の柔らかい人，内向的な人，傷つきやすい人などもたくさんいます。やりとりをする相手ごとに，どのような人かを見極め，互いに折り合いをつけながらつきあい方を決めていくことが賢明です。 （丑丸）

## 7　日本の教育全般における課題

### (1) 日本語のスピーキングスキルをのばす

日本人にとって，日本語は思考の土台です。日本語で言えないことは英語でも言えません。従来の教育では，自分の言葉で何かを表現したり発表したりすることは重視されておらず，話すことが不得手な人は少なくありません。日本語のスピーキングスキルをのばすには，以下の学習活動が必要です。

①日頃から自分の考えを整理して話す練習の機会を学習者全員に与える。

②テーマは，時事，季節，地域，学習中の課題などを勘案して提示する

か，学習者が興味をもっている人物や物事など自由選択にする。

③内容は毎回変えて独自のものにする（内容が偶然重なるのはよいが，他者の模倣はしない）。

④話す時間は1～3分程度と簡潔に。質疑応答も1～3分程度。

⑤評価基準は，具体的なものを事前に全学習者に明示する。

⑥評価を成績に加味することで，学習者の取り組み意欲を高める。

小学校低学年から簡単にできるスピーキング練習としては，たとえばアメリカの幼稚園，保育所，小学校低学年で行われている show and tell（「ショウアンテル」のように発音。「ショ」と「テ」にアクセント）という学習活動があります（本章の『2「質問する＝考える力」を養う』を参照）。この show and tell では，一人の子どもがお気に入りの私物を皆に見せて説明したあと，同級生からの質問に答えます。毎朝の授業前に数分間で行われることが多く，それぞれの子どもの担当日は学期のはじめに担任から家庭に連絡され，子どもが希望する持参物の適・不適が事前に確認されます。学年が上がるにつれ，説明する物を持参せず，言葉だけで説明するようになり，より高度な説明能力を養っていきます。日本でも，すでに show and tell を英語授業に導入している事例は少なからず見られるようです。

日本では学年が上がるほど習得・記憶すべきことが増え，とくに中学校以降は，授業も宿題も「知識の詰め込み」だけで終わることが増えていきます。逆に，全学習者が参加する発言・発信・発表の機会はいっそう減り，あっても年に数回程度で（自由研究，読書感想文，弁論大会など），しかもあまり重要課題として扱われないことが大半です。

日本語のスピーキングスキルをのばすには，そのための時間と余力を教師・学習者の双方に生み出さなければなりません。ですが，まず現行のカリキュラム内で可能な提案としては，少しずつ授業中に学習者の参加や発言を促していくことがあげられます。

また，たとえ1～2時限でも自由研究発表，読書感想文，弁論大会などのための指導や発表を授業に組み込むことなどがあげられます。たとえば，着眼点や論旨の構成方法，書き方の注意点といった方法論について，既存の出版物などをもとに要点を説明するだけでも，成果物の出来栄えを底上げすることができるのではないかと思います。このような活動がすでに行われている教育現場もあるかもしれませんが，これをより広く行うことにより全学習者が基本的な発信スキルを習得でき，現行の学校行事や活動を大きく変えることなく，考えを整理して文書や口頭で発表するトレーニングにつなげることができます。将来的には，総合的なスキル育成の一環として，日常的な短い発表練習に加え，全学習者が1学期に1回程度，個人課題やグループ課題後の発表を行っていくことが望まれます。

ところで，アメリカの学校では，レポートなどの提出文書が同級生の提出文書やインターネット上の情報に類似していないかを簡単に調べられるツールを活用して，提出物の盗用（plagiarism）を厳しく防いでいます。論点が偶然似通っているのはかまいませんが，必ず「自分自身の言葉や切り口」で表現しなければなりません。

今後，カリキュラムの枠組みに年齢相応レベルの発表の場を組み込んでいくには，以下のような工夫が必要になります。

第一に，暗記重視の，その先をめざすことが必要です。重要な試験（大学入試など）で単に記憶力を試すだけの問題の比重を減らし，暗記すべき情報量を定期的に見直し，絞り込んで，理解や暗記の先にある応用，創造，チームワーク，発信の練習機会をバランスよく増やします。

小学校から始まる日本の伝統的な教室文化は，「一斉授業」による「知識の伝授」といえるでしょう。この文化は，中学校以降，顕著さを増していきます。学習者は，学習内容を理解し，記憶して，あらかじめ決められた「正解」を試験で解答することに時間と労力のほとんどを費やします。習得事項は学年とともにふくれあがり，教師も学習者もカリキュラムや「試験に出ること」をこなすだけで精一杯です。

しかしながら，海外へ目を向けると，「習得すべき知識のセット」は国や文化により相当異なります。もちろん日本で学ぶことは他国でも役立ちますが，日本で必要とされる知識やスキルをすべて習得しても，他国では別の知識やスキルが要求されるのです。さらに，世界中で起こる出来事に日々適応し，新たな知見や技術も上手に取り入れて活用していかなければなりません。つまり，学ぶべきことには際限がないのです。

こういった状況で疲弊しないようにするには，国内外情勢や重要性に応じて習得事項を絞り，随時見直して，以下の能力を学校教育でバランスよく培っていくことが，いっそう重要になると思います。

①基礎知識を活用して答えのない問題に取り組み，物事の本質を見抜く。

②必要とされる新たな知識やスキルを，各自，自主的に身につける。

③思考を効果的に表現し，人に働きかけ，協力しあい，またはリーダーとなって，目標を達成する。

④前例にとらわれすぎることなく，必要に応じて物事を改め，また新たに始める。

「試験に出ないから知らなくていいんだよ」「教科書に載っていないからやらなくていいんだよ」は学校や予備校で時折聞かれる言葉かもしれません。カリキュラムに追われ疲れていると，ついいってしまうのかもしれませんが，これほど好奇心や学習意欲をそぐ言葉があるでしょうか。発見や発明，進取の気性は疑問や興味，好奇心から始まります。子どもたちの素朴な興味を，家庭でも教室でも大切に発展させてあげてほしいと思います。

第二に，総合的な学習のための時間と余力を創出します。応用，創造，チームワーク，発信の練習機会を設けるには，たとえば反転授業（Cabı, 2018）で時間と余力を新たに生み出すことができます。

「反転授業」では，全学習者が授業前に動画などで予習し，教室では小テスト後に，質疑応答，グループ課題，発表，作品展示などの参加型学習（いわゆる「アクティブ・ラーニング」）を行います（広義の「反転授業」には動画でなく教科書や資料で予習する場合も含まれます）。これまで教室で授業を受けて学んできた知識を自宅で学び，これまで宿題として出されてきた課題などは教室で行う，つまり，学習場所が反転していることから，「反転授業」という名がつきました。

反転授業のメリットは，まず各人が自分のペースで予習でき，授業中の聞き逃がしや理解不足を防げること，つぎに授業中に知識を実践・応用・創意工夫して問題解決力を高められること，そして共同作業・発表スキルものばせるなど，授業時間を有効に使って，総合的な学習活動を行えることです。評価は課題やテストの成績だけでなく，発言による授業への貢献度，ペア（チーム）ワークへの貢献度についても行います。

反転授業のデメリットは，動画を視聴するためのデバイス（スマートフォンやコンピュータ）がない家庭では学校外での動画視聴が難しい，低学年の場合は家庭での動画視聴に家族のサポートが必要である，教材動画を作成する教師に付加的に動画作成スキルが求められるなどがあげられます[23]。

ただし，ここで私が強調したい目標は「情報の暗記を超えた応用や創造，チームワークを含む総合的な学習を行う」ことです。「動画での予習」はその手段の一例です。

ちなみに「反転授業」の概念は比較的歴史が浅く，初出文献は1993年といわれており（King, 1993），YouTubeなどインターネット動画サービスが広く利用され始めた2005年頃から普及してきました。欠席した生徒に同じ授業を繰り返す手間を省くため，アメリカの先生方が自分の授業を音声付きのスライド画像や動画で視聴できるようにし，その後，全学習者の予習にも使い始めました（Bergmann & Sams, 2012）。全学習者が授業前に動画で予習して教室で質疑応答や応用課題を行うスタイルは，派生的に生まれたものです。当初動画を作成した先生方も驚いたことに，オンライン動画教材は世界中で視聴されるようになっていきました。

現在，動画サイトには多種多様な教材があふれており，カーン・アカデミー（Khan Academy, https://www.khanacademy.org/）のようにインターネットで膨大な量の無料動画教材を提供しているよく知られたNPOもあります。このカーン・アカデミーも2006年に創始者が年下のいとこのために作成した数学のオンライン動画が一般に視聴されるようになったものです。日本語化も徐々に進んでいます。

---

23　尾見によるコメント：予習が前提なので，予習をしてこなかった子どもに対してどうするかという問題もあります。

第三に，同じ学習テーマを複数科目で横断的に扱って学習の相乗効果を図ります。たとえば，花や虫など動植物に関係する単元を国語と理科，算数，図画工作（写生など）に設けると，多面的な学習により理解や記憶が強化され，理科と算数などを同時に1時限で学習することが可能になります。また，歴史や地理のテーマなどを国語と社会で同時に扱うこともできます。

以上のように，教師と学習者を疲弊させる知識偏重の学習負荷を軽減し，暗記の先にある学習段階へとバランスよく発展していける時間と余力の創生が日本の教育を大きく発展させる重要な鍵だと思います。

教育全般に話を広げましたが，日本語のスピーキングスキルは自己表現だけでなく他者への働きかけにも不可欠な基礎技能であり，さらに英語のスピーキングスキルを構築するための必須技能でもあります。

### (2) 日本の英語教育者の英語スキル

2017年の文部科学省調査によると，CEFR B2（英検準1級相当）レベル以上のスコア等を取得している中学校の英語教員は全体の36.2%，高校の英語教員は68.2%で増加傾向にあります（文部科学省，2018）。このデータから，中高英語教員の英語力はまだ伸びしろの大きいことがわかりますが，別の問題として，検定試験で一定レベルに合格しても，実践的な英語力があることと等価ではないということがあります。これは運転免許証を取得しても，そのあと実際の運転経験を積んでいく必要があるのに似ています。

日本の英語教育は，バランスのとれた4技能の習得をめざして変わりつつありますが，学習指導要領，学校制度，教材，教員研修等の移行には時間がかかります。以下では，確実に英語能力を向上させるために，英語の学習者だけでなく教育者の方々にも今日から役立つヒントを提案していきます。

（丑丸）

## 8　スピーキングのメンタル

### (1) スピーキングのストレス軽減

英語の発音練習やスピーキングは多くの学習者にとって照れくさく，恥ずかしいものではないでしょうか。ましてや人に聞かれるのは絶対に避けたいと感じることもあるかと思います。

日本人の多くは，教室でも職場でも旅行先でも，英語を話すときテストされているような気分になり，「話す相手」よりも「周囲の日本人」にどう思われるかをとても気にしがちです。残念なことに，周囲もつい聞き耳を立ててあら探しをしてしまったり，子どもの場合は話している本人をからかったりすることが少なくありません。

教室でスピーキングの練習を行う際は，英語を話す学習者が周囲から注目されてストレスを感じることのないよう，全員，全ペア，または全グループが同時に練習するなどの工夫が必要です。他者の発音や話し方を笑ったりからかったりしないよう，全員に徹底することが重要です。

余談になりますが，いわゆる「帰国生」の学習者がネイティブらしい発音をして同級生などにからかわれ，精神的に傷ついて，わざと日本語なまりの発音をするようになることがあるのは，よく知られています（1章参照）。このような心の痛むことが起こらないようにするためにも，ストレス軽減に関する配慮が必要です。

からかいや差別，いじめの多くは「自分と何かが違う」ことが原因であり，英語の発音はそのほんの一例です。特定の子どもが周囲から浮かないよう配慮する一方，自分と異なる相手を排除せず，理解し受け入れる努力をするよう諭すことが，子どもたちの多様性理解，異文化理解，国際化を促進する一助になります。

### (2) スピーキングのイメージトレーニング

スピーキングの習得は，何度も練習して自転車に乗れるようになるイメージに似ています。これは縄跳び，逆上がり，ピアノ，武道，ダンス，テニス，ゴルフなど「何度もやって体で覚えるスキル」全般に共通するイメージで，ピアノの運指やスポーツの素振りなどのように集中して無心で繰り返します。いったんスキルを体得したらその感覚は定着し，後は各自のペースで上達していけます。

また，思い浮かべていただきたいのは，知らない相手とやりとりすることで新しいドアが開き，未知の世界にふみ出せるイメージです。海外のスポーツ選手や映画スターなどあこがれの人がいれば，その人と話す自分をイメージできますし，自分自身が海外で活躍したい場合や，海外の友人をもちたい場合も同様です。スピーキングは，そんなあこがれのドアを開ける鍵なのです。

### (3) 発音，リズム，抑揚は「物まね」のつもりで反復練習

物まねが上手な人は，人の話し方をじっくり聞き，うまく特徴をとらえて再現します。

英語の発音練習も端的にいえば模倣です。恥ずかしさもあるかもしれませんが，物まねをしているような気持ちで，聞こえたとおりの発音やリズム，抑揚を 10 回，20 回，30 回と繰り返し口から出すことが上達の鍵です。大きな声を出す必要はありません。小声でも口が動いていれば練習になります。

英語教材やインターネットの動画サイトなどでは，生の英語の発音に直接触れることができます。繰り返し何度でも聞いて，聞こえたとおりに言ってみましょう。英単語の発音を知りたいときは，YouTube などの動画サイトで「〈調べたい単語〉 発音」または「〈調べたい単語〉 pronunciation」と入力して検索すると，その単語の発音を聞くことができます。

### (4) 英語ネイティブでも最初から完璧な発音はできない

英語ネイティブも，すべての子どもが最初から正しく発音できるわけではありません。家庭や学校で周囲から直されて徐々にできるようになっていきます。これは日本の子どもが徐々に正しく日本語を発音・発話できるように

なっていくのと同様です。「ネイティブではないのだから，なまるのは仕方がない。ネイティブらしく発音する必要はない」とあきらめたり開き直ったりせず，気長に練習を続けましょう。

### (5) 発音が重要な理由

日本語で人と話していて，「あれ，今の言い方はちょっと変わっていたけれど，どの地域の言い方だろう？」と気になったことはないでしょうか。人の話し方やアクセント（方言）の微妙な違いが気になるのは万国共通で，英語圏でも「それ，どこのアクセント？」という話でよく盛りあがります。

このようにお互いのアクセントやなまりの違いを楽しめる程度ならいいのですが，それが理解の範囲を超えると，コミュニケーション自体が成り立たなくなります。聞く側のフラストレーションが高じるだけでなく，話す側も相手から何度も聞き返されて気持ちがくじけてしまいます。ネイティブのような発音になることだけがスピーキング学習の目標ではありませんが，発音はコミュニケーションの大事な要素であり，発音がいいに越したことはありません。英語教材やネイティブのように発音できなくても，聞こえたとおりのリズムと抑揚を心がけると通じやすい英語に近づくことができます。

### (6) 実際に英語を話すときの留意点

英語を話すときは，落ち着いて自然体で話せるよう意識しましょう。

何かを伝えるときには，簡単に事情や理由を説明しましょう。日本では説明なく通じることでも，文化背景が異なる相手には意図どおりに伝わらなかったり，不要な混乱や誤解を招いてしまったりすることがあります。自分では常識だと思うことでも，相手に確認することは大切です。

相手の人種・年齢・性別・宗教その他にかかわらず，また店員や係員，部下などいわゆる「目下（めした)」にあたる相手にも，妥当な敬意をもって接しましょう。訴訟を防げるだけでなく，お互い気持ちよく接することで相手から便宜を図ってもらえることもあります。

自分や家族のことを話すときは，謙遜しすぎず，卑下しないように注意しましょう。自分の能力を低く伝えてしまうと人から不要に過小評価されるおそれがあります。実際にやってきていることや，それについて感じている楽しさや充実感，使命感などがあれば，控えめにでも伝えたり見せたりすることで相手に自分を知ってもらい，自分をうまく印象づけ，自分を正当に評価してもらえます。「能ある鷹は爪を隠す」文化で育つと，自己アピールなどとても無理と感じられるかもしれませんが，謙遜して割り引く前の本当の「自分」を客観的に見つめ直すいい機会にもなります。自己アピール文化が定着していると思われているアメリカでも，とくに女性は控えめな人が多いことがわかっており，女性向けに自己アピールを指導する書籍や研修は少なくありません（Helgesen & Goldsmith，2018）。

家族についてはI'm proud of ～.（〈家族など〉を誇りに思っている）という表現が役立ちます。たとえば，日本では「娘はピアノをやっていますが，まだまだなんですよ」と言うところを，アメリカでは「娘は一生懸命ピアノを練習しているんですよ。本当に誇りに思っています」（My daughter practices the piano very hard. I'm so proud of her.）のようにほめる文化があります。実のところ，レベル的には「まだまだ」だったりもするのですが，子どものがんばりを誇りに思う気持ちはまた別の話なのです。

自分や身内について上記のように話すことはポジティブに受けとめてもらえますが，過度の誇張や自慢は必要ありません。基本的には等身大の自分や家族を知ってもらうつもりで話しましょう。また，話しながらスマートフォンなどで1，2枚写真を見せると話が弾みます。（丑丸）

## 9　スピーキング力をのばすトレーニング

日本の英語教育における従来のスピーキング指導は，教科書などの音読が中心でした。ですが，教師のあとについて英語を一，二度復唱する程度ではスピーキングは上達しません。次のような学習およびトレーニングが有効です。これらは，基本項目である①フォニックスを除き，並行して行っていくことがおすすめです。

①フォニックス
②反復練習
③「崩れた発音」や「発音のかたまり」を理解する
④さまざまな話題について簡単に話す練習をする
⑤「日本語のしくみ」を根本から理解しなおす
⑥語彙力や表現力を広げる
⑦定期的な会話練習で英会話のペースに慣れる

以下，各項目について説明していきます。

## (1) フォニックス

フォニックスは英語のつづりと発音の関係を学ぶための基本メソッドです。英語を正しい発音（標準的な発音）で身につけることは，リスニング同様，スピーキングでも大前提となります。

## (2) 反復練習

繰り返し練習することで反射的に口から出てくるようになる英語表現があります。それは，あいさつです。日本語と同様，英語のあいさつも多くは決まりきったパターンのやりとりです。

“Hi.” は話しかけ表現の定番。「こんにちは」「(話しかけるときの）あの」「いらっしゃいませ」など，時間帯や状況を問わず使えます。元気よく言う必要はありません。力まず「ハィ」と右肩下がりに発音します。自然に言えるようになりましょう。Hi. には Hi. で返せます。

右頁上の表は代表的な例ですが，ラケットの素振りのように繰り返し練習してみましょう。口を動かして「体で覚える」と，考えるよりも先に口が反射的に動いて英語が出てくるようになるのを実感できるはずです。

日本語独特のあいさつは，多くの場合，ぴったり対応する英語表現がありません。ですが，同様な状況で使われる英語表現と置き換えることができます。右頁下の表で結び付けた日英表現は，意味合いこそ互いに異なるものの，使う状況はほぼ同じです。

話しかけの定番のことば

| 話しかけの決まり文句 | 受け答えの決まり文句① | ①の次に言う決まり文句<br>（どれでも OK） |
|---|---|---|
| How are you?<br>（お元気ですか？）<br>＊誰にでも使える定番のあいさつ | Good, thanks.<br>（おかげさまで） | And you?<br>（そちらは？） |
| | Pretty good.<br>（おかげさまで） | And yourself?<br>（そちらは？） |
| | Not bad.<br>（ぼちぼちです） | How are YOU?<br>（そちらこそ，お元気ですか？）* you を強調して言う |
| | Great.（おかげさまで）<br>＊意味的には Good. とさほど変わらないがポジティブなニュアンスを出せる。 | |
| What's up?（どう？）<br>＊親しい人同士のかなりくだけたあいさつ | What's up?（どう？） | *①だけで十分。 |
| | Not much.（とくに何も） | |
| | Nothing much.（とくに何も） | |

日本語独特のあいさつ表現と英語での表現

| 日本語のあいさつ | 英語のあいさつ |
|---|---|
| いつもお世話になります。 | Hi. How are you? |
| はじめまして。どうぞよろしく。<br>（カジュアル） | Hi. Nice to meet you. |
| はじめまして。どうぞよろしくお願いいたします。（ていねい） | Hi. It's nice to meet you. |
| はじめまして。太郎です。どうぞよろしく。（カジュアル） | Hi. I'm Taro. Nice to meet you. |
| はじめまして。山田太郎です。どうぞよろしくお願いいたします。（ていねい） | Hi. I'm Taro Yamada. It's nice to meet you. |
| これからも，よろしくお願いします。<br>（カジュアル＆ていねい） | 初対面の人には：<br>It was nice **meeting** you.<br>（お知り合いになれて，よかったです）<br>初対面でない人には：<br>It was nice **seeing** you.<br>（会えてよかったです）<br>It was nice **talking** to you.<br>（話せてよかったです） |

数字も繰り返し口を動かして練習することですばやく言えるようになる英語表現です。最初は自分の電話番号などの数字の羅列や100までの数字，次に1000までの数字，そして10000までの数字，……というように，ゲーム感覚で数字を言ってみましょう。英語の授業の最初で口慣らしをしたり，授業中，気分転換に練習したりするのもよいでしょう。

### (3)「崩れた発音」や「発音のかたまり」を理解する

日本語にも言えますが，「発音は言いやすい楽なほうへ流れる（崩れる）」傾向があります。滑舌がよくないときの発音にやや通じるものがあるでしょう。たとえば米語の場合はInternet（インターネット）が「イナーネッ」，water（ウォーター）が「ウォーラ」になるといった発音の崩れや消失がよく起こります。国や地域によって崩れ方はまちまちですが，英語圏の日常会話は，大半がこの「崩れた発音」で行われているといえます。

さらに，単語同士がつながって発音が変わる現象は「リエゾン（リンキング）」「リダクション」「フラッピング」などと堅苦しく分類されていますが，これも要は言いやすいように発音が変化する現象です。

2章の「リスニングを練習するときのポイント」でも説明しましたが，英語音声を「かたまり」で聞き，瞬時に日本語で理解できるようになると，リスニングが格段に楽になります。この「聞き取れる英語のかたまり」を増やし，それをそのまま口から発する練習がスピーキング力にもつながります。

ただし，いつも崩した発音で会話しなければならないわけではなく，まずは聞いて理解できるようになることが重要です。たとえば，次のように聞こえる発音の元の英語は何でしょうか。下線部分にアクセントがあります。

①ユノウまたはユノウ，②ファイグザンポー，③サムンライクザッ，④ルッキャッディス，⑤ワディヤティンク？，⑥ワラユドゥーイン？

(80頁に答えがあります)

### (4) さまざまな話題について簡単に話す練習をする

投げかけられたトピックについて，うまく返答できるようにします。自分がよく知らない事柄については，以下のようにやりとりが途切れないよう返答することができます。

あまりよく知りません。よくご存じなんですか？

→ **I don't know much about it. How about you?**

耳にはしています。もう行ったんですか？

→ **I heard about it. Did you go there already?**

友だちがやっています。私はやったことがないんですが。

→ **A friend of mine is doing it. I've never done it, though.**

● 語る，説明する

簡潔に伝え，説明する力は大切なスキルです。何かについて聞かれたら，まずは簡単な文で説明できるようになるとよいと思います。各質問に日本語で自分なりの返答を書き，それを英語で表現してみてください。

◎ 例題

①学校（職場）はどちらですか？

______________________________

②お仕事は何ですか？

______________________________

③今，どんなことに興味がありますか？

______________________________

④学校の勉強（スポーツや音楽などやっていること，お仕事）は楽しいですか？*

______________________________

⑤あなたはどんな町に住んでいますか？

______________________________

⑥ご家族について聞かせてください。

______________________________

⑦映画を見るのは好きですか？*

______________________________

⑧和食とは何ですか？

---

＊英語圏では「好きですか？」「楽しいですか？／楽しんでいますか？」は，よくある質問です。

上のようなよくある話題について話せるようになったら，ほかのトピックや下に例示したトピックについても説明してみてください。外国人に説明するような気持ちで，自分なりの簡単な説明を考えてみましょう。一般的な説明でも，個人的な視点からの説明でもかまいません。慣れてきたら，やや上級の説明スキルとして，各話題について3つの特徴（特筆すべき事柄）をあげる練習をしてみましょう。この練習は，ライティング能力（5章参照）をのばすうえでも役立ちます。

◎ 例題：日本の四季について

解答例：日本には四季があります。私は春がいちばん好きです。日本では，春に美しい桜の花を楽しめますよ。（Japan has four seasons. My favorite season is spring. In Japan, you can enjoy beautiful cherry blossoms in spring.）

［トピックの例］

◉日本の自然，食べ物，観光地

◉自分の地元

◉日本の小学生，中学生，高校生にとっての夏休み，冬休み，春休みなど

◉日本で使われている文字（ひらがな，カタカナ，漢字，ローマ字）

◉日本の就職活動

---

答え：① you know（「わかるでしょう？」や「ね？」のような意味），② for example, ③ something like that, ④ Look at this, ⑤ What do you think?, ⑥ What are you doing?

◉自分が好きな漫画，アニメ，ゲーム，スポーツ，有名人，芸能人など
◉日本の文化で大切にされていることや価値観
◉自分が大切にしていること
◉天皇制度の歴史と現在
◉季節のイベント（正月，盆，クリスマス，バレンタインデーなど）
◉神社と寺の違い
＊宗教や政治，社会問題の話題は，感情的な議論に発展してしまうこともあるので，あたり障りのない中立的な説明をする，「難しい問題ですね」と流す，またはその話題自体を避けることもできます。

● コメントする，意見を言う

「(○○について,）どう思いますか？」(What do you think 〈of ○○〉?)，「どれがいいですか？」(Which do you like?),「何をしたいですか？」(What do you want to do?）といった質問は，英語圏では日常的に投げかけられる質問です。難しく考えず簡単に答えられるよう，まずは日本語で日頃から練習しましょう。英会話では，ひと言理由を添えることが期待される場合が多く，またそれにより会話が発展しやすくなります。

◎ 例題

①今週末は何をしたいですか？

______________________________

______________________________

②犬と猫では，どちらが好きですか？

______________________________

______________________________

③日本では残業や時間外労働が多いようですが，どう思いますか？

______________________________

______________________________

● 謝る際は，必ず簡単に理由や事情を説明する

日本では，謝るとき，たとえば遅刻したときなど，何はともあれ誠実に謝ることが求められます。理由は求められず，むしろ言おうとしても「言い訳はいいから」と制されることが多いのではないでしょうか。求められるのは「謝罪」であり，「理由や事情」は往々にして不問に付されます。

一方，英語圏の同様な状況では説明が求められることがほとんどで，説明しないとかえっていぶかしがられます。これは単に文化の違いとしてとらえ，たとえば遅刻をしたときは，次のように簡単に理由を言えるようになりましょう。例文②のように because を使うと，うまく理由を説明できます。

①遅れてすみません。電車が遅れました。

→ I'm sorry I'm late. My train was late.

②すみません。ほかの課題をやらなければならなくて，宿題が終わらなかったんです。

→ I'm sorry. I couldn't finish my homework because I had to work on other assignments.

## (5)「日本語のしくみ」を根本から理解しなおす

● 日本語における「主語」は「文の主題」

次の文の「主語」は何でしょうか。

①田中さんは子どもが３人います。

②今日はカレーが食べたいです。

③（レストランで同席した人から，何を注文したか聞かれて）私はスパゲッティです。

④今夜はお祝いですね。

⑤この問題は，皆で話し合うことになりました。

どれも自然な日本語ですが，「〈主語〉は○○である」や「〈主語〉は○○する」という単純な構文に必ずしもあてはまりません。これらの文を見れば見るほど，「主語とは何か」がわからなくなってくるのではないでしょうか。

正確にいうと，日本語における「主語」とは，その文が何についてのもの

なのかを示す「文の主題（テーマ）」であり，英語の「主語」とは似て非なるものです。実際，英語圏で日本語を学ぶと，助詞の「は」は，topic of the sentence，つまり「文の主題」に付くものであると説明されます。

## ● もとの日本語を，英語にしやすい日本語へと組み換える

前項で示したように，日本語と英語は，根本的な構文（文の組み立て方）が異なるため，単純に相互変換することができません。たとえば，上の例文を英語にしやすくするには，元の日本語を，英語の構文に近い形へと，いったん次のように組み換えなければなりません。

自然な日本語から英語表現への変換の手続き

| | 自然な日本語<br>（日本語の構文≠英語の構文） | 英語で表現するために組み換えた日本語（例）<br>（日本語の構文≒英語の構文） | 英語 |
|---|---|---|---|
| ① | 田中さんは子どもが3人います。 | 田中さんは3人の子どもを持っています。 | Tanaka-san has three children. |
| ② | 今日はカレーが食べたいです。 | 今日，私はカレーを食べたいです。 | 1. Today I'd like to eat curry.<br>2. Today I'd like to have curry.<br>* want to は，「～したいんだ」と親しい相手に言うときや，「～したいな」とひとり言を言うときには使えますが，かしこまった状況や相手に何かをお願いする状況では子どもっぽく聞こえてしまうので，would like to を使うのが適切です。 |
| ③ | （レストランで同席した人から，何を注文したか聞かれて）私はスパゲッティです。 | 1. 私はスパゲッティを注文しました。<br>2. スパゲッティは私のです。 | 1. I ordered spaghetti.<br>2. The spaghetti is mine. |
| ④ | 今夜はお祝いですね。 | 1. 今夜，お祝いをしましょう。<br>2. 今夜，お祝いをしないといけませんね。 | 1. Let's celebrate tonight.<br>2. We should celebrate tonight. |
| ⑤ | この問題は，皆で話し合うことになりました。 | 私たちは，この問題を私たち全員で話し合うことに決めました。 | We decided to discuss this problem by all of us. |

このように，もともとの自然な日本語を英語構文の枠組みに近づけると，英語表現にとても移しやすくなります。言いたいことを英語で言えるようになるには，この変換作業に慣れておくと非常に役立ちます。慣れてくると，すばやく双方向に変換できるようになります。

◎ 例題

次の日本語を，英語に変換しやすいよう組み換え，英語にしてください。

①今日は忙しいです。

②明日は，お祭りです。

③今夜はスパゲッティです。

④花子さんは足が速いです。

⑤これはいいですね。

⑥これがいいです。

⑦切符は，あそこで買えますよ。

⑧困ったな。

⑨明日が楽しみです。

⑩気に入っていただけましたか？

自然な日本語から英語表現への変換（例題解答例）

| | 自然な日本語 | 英語で表現するために組み換えた日本語（例） | 英語 |
|---|---|---|---|
| ① | 今日は忙しいです。 | 今日私は忙しいです。 | Today I am busy. |
| ② | 明日は，お祭りです。 | 1-2. 明日お祭りがあります。<br>3-4. 明日，私たちは，お祭りをします。 | 1. Tomorrow there is a festival.<br>2. Tomorrow there will be a festival.<br>3. Tomorrow we have a festival.<br>4. Tomorrow we will have a festival. |
| ③ | 今夜はスパゲッティです。 | 1. 今夜，私はスパゲッティを食べます。<br>2. 今夜，私たちはスパゲッティを食べます。<br>3. 今夜，私はスパゲッティを作ります。 | 1. Tonight I (will) have spaghetti.<br>2. Tonight we (will) have spaghetti.<br>3. Tonight I (will) make spaghetti. |

| ④ | 花子さんは足が速いです。 | 花子さんは速く走ります。 | Hanako runs fast. |
|---|---|---|---|
| ⑤ | これはいいですね。 | これは良いです。 | 1. This is good.<br>2. This one is good. |
| ⑥ | これがいいです。 | 私は，これが好きです。 | 1. I like this.<br>2. I like this one. |
| ⑦ | 切符は，あそこで買えますよ。 | 1. 私たちは，あそこで切符を買うことができます。<br>2. あなたは，あそこで切符を買うことができます。 | 1. We can buy tickets there.<br>2. You can buy tickets there. |
| ⑧ | 困ったな。 | 1. 私は問題を抱えています。<br>2. これは問題です。<br>3. 私は，どうしたらいいんだろう。<br>4. 私は，どうしていいかわかりません。 | 1. I have a problem.<br>2. This is a problem.<br>3. What should I do?<br>4. I don't know what to do. |
| ⑨ | 明日が楽しみです。 | 私は明日が楽しみです。 | 1. I'm looking forward to tomorrow.<br>2. I'm excited about tomorrow. |
| ⑩ | 気に入っていただけましたか？ | あなたは，それが好きですか？ | Do you like it? |

## (6) 語彙力や表現力を広げる

### ● まず日本語で話題の引き出しをつくる

初対面の相手はもちろん，クラスや職場が同じでも性別や年齢，役職レベルなどが異なり，ふだんあまりやりとりしない相手とは，日本語であっても何を話したらいいのか戸惑うことはないでしょうか。その理由として，そのような雑談では，時事問題をはじめ，余暇の過ごし方，スポーツ，家族，ペット，旅行，健康，政治など，話題が広がりがちで，自分が知らないことや話しづらいことが出てくる点があげられるように思います。

ちょっとした会話は，話題が豊富であるほど楽になります。すべての話題に通じるのは無理でも，今話題のニュースや一般に関心の高い事柄など，少しずつ話せる話題を増やしていくことをおすすめします。

また，日頃よく顔を合わせる相手とは，その人の状況や興味に合わせて話せる話題を２つ３つ探す努力をしてみるのもよいでしょう。話題の例としては，次のようなものがあります。思いついたものがあればその他の欄に書き足してみてください。

◎ 一般的な話題

ニュース，天気，スポーツ，家族，ペット，学校，仕事，料理，旅行，趣味，健康

その他 ＿＿＿＿＿＿＿＿＿＿＿＿＿＿＿＿＿＿＿＿＿＿＿＿

◎ 自分のこと

最近の出来事，好きなこと，凝っていること，家族，ペット，自分の町，故郷，学校，勉強，職場，仕事，休暇，クラブ・サークル活動，健康，家事，出産・育児，介護，将来の夢や計画，ちょっとした悩み

その他 ＿＿＿＿＿＿＿＿＿＿＿＿＿＿＿＿＿＿＿＿＿＿＿＿

◎ 趣味や文化

食べ物，買い物，旅行，アート，ファッション，スポーツ，釣り，園芸・菜園，ゲーム，マンガ，アニメ，映画，日本や世界の文化・習慣・歴史

その他 ＿＿＿＿＿＿＿＿＿＿＿＿＿＿＿＿＿＿＿＿＿＿＿＿

◎ 社会・時事問題

話題のニュース，政治，経済，産業，環境，国際情勢，医療，教育，選挙，税制，雇用，男女格差，年功序列，少子高齢化，移民，憲法改正，天皇制度

その他 ＿＿＿＿＿＿＿＿＿＿＿＿＿＿＿＿＿＿＿＿＿＿＿＿

### ● 興味のあることや関連性の高いことから英語に移していく

日本語で話せることを少しずつ増やしながら，それらを英語に移していきます。

すばやく引ける電子辞書やオンライン辞書，インターネット検索でこまめに単語や表現を調べましょう。その際は用例も見て，調べている単語や表現のニュアンスが自分の言いたいことと一致しているかどうか，確認してくだ

さい。インターネット検索をする場合は，調べたい日本語のあとに（半角または全角の）スペースを空けて，「英語」と入力して検索すると，オンライン辞書の関連情報などが表示されます。

### ● 海外のドラマや映画などで英語表現と発音を吸収する

海外のテレビ番組や映画などは，インターネットの動画配信サービスなどで手軽に視聴できるようになりました。それを活用しない手はありません。

日本人の多くは，英語のつづりと実際の発音に大きなギャップがあることに大きな戸惑いを感じます（2章参照）。実際の発音を理解し，相手に伝わるスピーキングを身につけるには，日本語と英語の字幕を選択的に表示できる動画を使ったトレーニングが有効です。

自分から興味をもった作品を繰り返し見ると視聴した表現が記憶に残りやすく，使う機会も増えるはずです。気に入った場面など，英語のせりふをまねながら何度も見ていると，そのせりふが自然に口から出てくるようになります。

## (7) 定期的な会話練習で英会話のペースに慣れる

英語で話しかけられても会話のテンポにまったくついていけなかったり，緊張で頭が真っ白になって何も言えなくなってしまったりする人を多く見かけます。肩の力を抜いて，頭がクリアな状態でテンポよく返答できるようになるには，ふだんから英会話を定期的にやって「場慣れ」していることが非常に役立ちます。プロの通訳者でも，ブランク後の通訳では緊張することがあります。ある程度定期的に英会話（通訳）のペースやリズムに頭・耳・口を慣らしておかないと，とっさに感覚が戻ってこなくなるのです。

### ● 多様な話し相手に視覚的に慣れる

英会話に「場慣れ」すると同時に身につけていくべき「慣れ」があります。それは，自分と見た目が大きく異なる相手と面と向かって話す状況に慣れること。自分と人種が異なる人と対面したときに緊張したり違和感を覚えたりするのは誰にでもあることです（Morse, 2006）。この心理的な抵抗を和らげるための「慣れ」も必要です。海外からのALTの先生の授業を小学生の頃から定期的に受けることは，その一助となっていることでしょう。海外出身の人が以前より増えている地域では，異文化への適応も含め，コミュニティ全体が多様性に少しずつ慣れてきているのではないでしょうか。さらに，英語を話す人は世界中にいます。どんな「顔」や「肌の色」の人とも緊張しすぎずに英語を話せるよう，少しずつ慣れていきましょう。

もう一つ慣れるべきことがあります。それは，日本人同士で英語を話すことです。英語の授業や国際会議などで起こる状況ですが，ふだん日本語で普通に話している相手と英語で話すことには，英語圏に住んでいる日本語ネイティブでさえ，強烈な抵抗や違和感を覚える人が少なくありません。私自身も以前に通った道ですが，「日本語で話せば何の障害もなく意思疎通できるのに，なぜわざわざ不自由な英語で稚拙な会話をしなければいけないのか」とかなりのフラストレーションが生じます。また，日本語では敬語を使う相手に対して，比較的フラットな言語である英語で話すことは一種のカルチャーショックですらあります。ですが，これも「慣れ」の問題です。なお，英語に敬語はありませんが敬意を表す礼儀正しい表現はあります。英語ドラマなどを見ると，そういった表現を学ぶことができます。

ていねいな英語表現としては，たとえば次のようなものがあります。日本語もそうですが，言い方がていねいになるほど婉曲的になり，長くなる傾向があります。

じつは，（頼みづらい）お願いがあるのですが。

→ Actually, I have a big favor to ask you.

～していただけますか？

→ Could you〈動詞原形〉～?

～していただくことは可能でしょうか？

→ Do you think it's possible for you to〈動詞原形〉～?

～していただけるとありがたいのですが。

→ I'd appreciate it if you could〈動詞原形〉～.

もう～にお目通しいただけましたか？

→ **Did you have a chance to review ～?**

ほかの例として，制服で職務にあたっている警察官・係員などや，目上の相手には，男性ならsir，女性ならma'amを文末につけると礼儀正しさを表現できます。大統領，場合により大企業の社長も（本人が別の呼び方を指定しないとき）Mr. Presidentと呼ばれます。上司などに言いにくい反論や進言をする場合は，文頭にWith all due respectを付けます。

### ● 実際の英会話に慣れる

これは多くの方にとって最大のハードルではないでしょうか。本章の８でも述べたように，英語を話すときにはテストされているように感じ，教室でも職場でも旅行先でも，「話す相手」より「周囲の日本人」にどう思われるかを心配することがとても多いようです。

教室で行う簡単な会話練習はペアワークとし，交代で一方が他方に問いかける形式で行うと特定の学習者が注目されずにすみます。問いかけの内容としては，履修中の内容や時季に合ったものがいいでしょう。1，２分でいいので，各授業中に最低１回はこのような会話を練習することをおすすめします。スピーキング初級者同士のペアワークでは，各人の細かいまちがいを正す必要はありません。多少まちがいがあっても英語が口から出るようになることを最優先します。問いかけへの返答例を紹介して一斉に会話練習を行い，言い方がわからなかった表現などについて質問を受けるとよいでしょう。

学習者の年齢やレベルに応じて，手頃な料金で１対１のオンライン英会話レッスンを活用することも可能です。個室では，周囲を気にせず英会話に挑戦できます。さまざまな話題で会話の経験を重ねていくと，心理的な抵抗が薄れ，肩の力も抜けていきます。その際は，以下のことを念頭に置きましょう。

①最低でも週に１回など，あまり間をおかずにレッスンを続ける。

②会話のペースに慣れ，聞き返しの要領をつかむ。相手の言ったことがわ

からなかったら，すぐにSorry? やExcuse me? と聞き返す。話が理解できないまま会話を続けない。

③自分にとって言いやすい表現やよく使う表現を繰り返し練習し，スムーズに言えるようになる。

④「言いたいけれど言えなかったこと」をこまめにメモしておいて，あとで適切な英語表現を調べ，その後のレッスンで使ってみる。

⑤1つの話題について話せるようになったら，新しい話題に取り組んでみる。

このように，実際の会話に使える表現を文脈や状況とあわせて覚え，ときおり使って記憶を定着させ，必要なときすぐに頭の引き出しから取り出せるようにしていくことが，スピーキング上達の秘訣です。

筆者が数年制作に加わったNHKラジオ番組「英会話タイムトライアル」も会話練習に最適です。「対話カラオケ」といって，ラジオを通した問いかけに対し，時間内に返答するという模擬会話形式のトレーニングがありますので，ぜひ挑戦してみてください。「英会話タイムトライアル」でネット検索すれば，番組のウェブサイトから1週間分のレッスンを無料のストリーミング配信で聞くこともできます。

会話の練習を重ねるにつれ，英語でやりとりしているという意識が少しずつ薄れ，会話の内容そのものに集中している自分を感じられるようになったら，スピーキングの醍醐味を味わえる段階に入ったといえます。実際の英会話でたくさんの会話を楽しみましょう。　（丑丸）

# 4章

# リーディング能力をのばす

島津由以子

## 1　リーディング能力とは

リーディングには読書だけでなくさまざまな形態があります。説明書を読むこともリーディングであり，新聞，Ｅメール，広告，報告書などを読むこともリーディングですから，私たちは日常生活において毎日何かしらの形でリーディングをしています。

日本語での読解と英語での読解には通じるものがたくさんあります。この章では，両者の共通点や相違点を分析し，日本語の読解力が英語の読解力にどのような影響を与えているか，それらを英語のリーディングにどのように生かせるかに重点を置きながら説明していきたいと思います。

アメリカの小学校教育におけるリーディングではさまざまな観点から読書することが大きな割合を占めますが，みなさんは読書が好きでしょうか。私は本を読むことが嫌いでした。子どもの頃は，親や先生から読めと強制されて必要最低限のものを読むという感じで，夏休みは読書感想文を書くためだけにしぶしぶ読んでいるような小学生でした。今では幼少期や児童期における読書の大切さがわかるため，私が子どものときに読書が好きになれなかったことが悔やまれます。

私が就学前の幼い頃，母が絵本を読んでくれた記憶は少ししかありません。ちょうど物心がついたころ，祖母が脳溢血で倒れ，それ以降母は長年介護に追われることになったので，読み聞かせの習慣などはありませんでした。母が読んでくれた絵本は，私が病気になったときに行った診察室の待合室に置いてあったものです。そのなかに好きな本が１冊あり，体が弱かった私は何度もその本を待合室で読んでもらいました。内容の詳細は思い出せませんが絵がとても印象的で，母に寄り添ってもらえることがうれしかったのを覚えています。

小学４年生のときには，担任の先生が給食のときに毎日読み聞かせをしてくださいました。思えば，それが本を読むことの大切さをおぼろげに認識した最初だったように思います。その先生は給食係がまだ配膳をしているうちに先に自分の食事を終え，生徒が食べ始めるときに読み聞かせをしてくださいました。先生がそれを毎日続けることはとても根気のいることで，読書への情熱がなければできないことです。異なる本を選ぶだけでもたいへんな作業だと，自分が教師になった今ではよくわかります。その当時の私にとっては話の半分は頭を素通りしていたように思いますが，本を読んでもらう貴重な機会でした。今思うと，頭を素通りした理由は，私の読解力が聴覚から入るより，視覚から入るほうがよく理解できたからではないかと思います。基本的に読書は私にとっては，一人作業でつまらないもの，面倒なもの，よくわからないもの，誰も助けてくれないものでしたので，本好きの友人たちは別世界の人たちのように見えました。

裕福な家庭でもなかったので，次から次へと本を買い与えてもらったわけでもありません。本は図書館から借りてくるものだったのですが，読書嫌いの私がわざわざ図書館に出向くというような億劫なことはしませんでした。公立図書館や学校の図書室に行くことも楽しいとは思いませんでした。見かねた祖父が近所の図書館から古い世界のお話の全集を譲り受け，それが何冊も狭い居間に並びましたが，真紅色の分厚い本から醸し出される威圧感に圧倒されるばかりで，なかなか手をのばして読む気にはなりませんでした。そのうえ，その全集は当時の私のレベルより難しかったり，興味をそそる内容やイラストがなかったりしたので，ほんの数冊しか開いた覚えがありません。

そのような感じでしたから，今でも読むのは人より遅いですし，仕事で分厚い資料や本を読まなくてはならないときには身がまえてしまいますが，さいわいなことに読書が嫌いということはなくなりました。

それは，高校を卒業して就職し，お金を貯めてアメリカに留学してからのことでした。今でこそ，ボストンには日系のお店もいくつかありますし，オンラインショップで何でも手に入りますが，留学したばかりの頃はかぎられた店しかなく，アメリカで日本語の本はとても高価でした。私はお金のない留学生でしたから，日本語の本を買える余裕などありません。ですから，日系のお店で無料配布の日本語の情報誌を見つけたときは，飛びあがるほどうれしく，むさぼるように記事を読んだのを覚えています。日本語で書かれていましたから，当然なのですが，その内容をすべて理解できたことがとてもうれしく，どんどん頭に入ってくるのを感じました。それが読書を楽しいと感じた最初の瞬間ではなかったかと思います。その情報誌はボストン近郊での出来事から料理のレシピ，経済やスポーツまでさまざまな記事が掲載されており，日本にいたら自分からは好んで読まなかったであろうという記事までも隅々まで読みました。その経験を通して，情報を提供してもらえるありがたさ，内容を理解する喜び，今まで知らなかったことを知る興奮など，今まで眠っていたものがやっと目覚めた感じでした。それからというもの，本は私にあらゆることを教えてくれる師であり，人生を豊かにしてくれるものという位置づけになりました。

日本でもアメリカでも，子どもたちは読書に対してかなり異なる背景をもって学校にきています。それは学校教育格差であったり，保護者のサポートの有無であったり，経済的格差などさまざまな理由をともなっています。読書が大事だからといって，ただ本を読め，というだけでは，のれんに腕押しです。私が読書をしない子どもだったのにはそれなりの背景があったように，本を読まない子どもたちの背景を知ることは大切です。

私のような読書嫌いの子どもたちは日本にもまだたくさんいるでしょう。日本にいて文字情報を当然のように受け取っている毎日，そしてたとえ海外にいても今ではインターネットでどんな情報でも手に入る時代です。ですから，子どもたちが活字を切望する環境をつくるのは容易ではありません。しかし，もし子どものころに読むことが楽しく有意義であるという体験ができれば，日本語でも，英語でも読書が嫌いになる子どもが減るのではないでしょうか。

そこで，私が子どものときに読書を好きになれなかった理由はなにかを，教師になった今，さまざまな子どもたちを観察してわかったことと，自分の経験をもとに考えてみました。それらを通して日本語での読解力が英語のリーディングにどのように深くかかわっているかに焦点をあてていきます。昨今のさまざまなリサーチでも，母国語の読み書きのスキルが英語の読み書きの習得に深くかかわっているという知見が得られています。つまり英語のリーディング力は日本語で読む力と深く関係があり，別ものではないという解釈が必要です。フォード（Ford, 2005）によると，母国語でのリーディングのスキルが低ければ，英語のリーディングのスキルも低い傾向にありますので，まずは日本語のリーディングのスキルをチェックするとよいでしょう。（島津）

## 2 リーディングを楽にするための分析

### (1) リーディングを対話型にする

読むことはじっと一か所に座って行う作業です。活発な子どもだった私には長時間じっとしている作業は退屈でした。また，私は一人っ子だったうえに，母は祖母の介護に手を取られていたので，読書が生活の一部になる環境は整っておらず，また大人からの読み聞かせなどのサポートはあまりありませんでした。

英語のリーディングを考えた際，意味がまったくわからない英語を読むことはかなりの重労働になります。ですから，一人作業ではなく，人と交われる対話型の作業に置き換えると退屈でなくなります。たとえば，読者に質問を投げかけながらの参加型の読み聞かせをする，英語の歌をグループで歌う，簡単な寸劇をする，何かを読んでチームで協力して問題を解くようなゲームをする，などです。

### (2) 読み物の選択肢を広げる

楽しい本に出会えると読書が好きになるきっかけになりますが，私のように本に囲まれた生活をしてこなかった子どもは，楽しい本に出会う機会が少なくなります。学校の図書の時間に図書室に行っても個人カウンセリングがあったわけではなく，先生のおすすめの本や，読書感想文の課題図書を紹介されはしても，それがその子の好みに合うとはかぎりません。そういう意味で，私個人の興味に会う本を紹介してくれた人はいませんでした。

アメリカの小学校では，国語（英語）の時間がリーディングとライティングに分かれていることが多く，リーディングの時間に先生は各生徒の読書レベルと好みを査定します（1章参照）。そして，その生徒にあったレベルの本をその生徒専用の袋に入れてわたすのですが，生徒の興味に合致する本に加えて，さまざまなジャンルの本を混ぜます。このリーディングの時間の内訳はクラス全体に指導する時間が半分，そして残りは少人数のグループでセミプライベート指導に近い形で各生徒のニーズにあった指導をします。担任は一人しかいませんから，先生が一つのグループを指導している間，ほかの生徒は袋に入れてもらった本をひたすら自分で読みます。そして自分のグループの順番がまわってきたら，先生のところに行って指導を受けます。これを Guided Reading と呼んでいます。各グループは生徒のニーズに合わせて構成されているので，指導内容はグループによって異なります。これにより，生徒が不足している必要な読書や読解スキルに焦点をあてて指導することが可能であり，ほかの生徒も一人で読書をする時間が毎日あるわけです。怠けていては次のレベルに上がれないので，児童たちは静かに自分の袋に入っている本を読み進めていきます。袋には数冊入っていますから，どれを読むかの決定権は生徒にあります。読書を奨励するうえで，選択肢があるのは大切だという価値観が背景にあるのです。

それに反して，日本で英語の時間に読む本は教科書が中心だと思います。ただ，教科書の内容は万人受けするわけではありませんし，すべての生徒のレベルに合っているわけでもありません。また，生徒に選択肢も決定権もないため，読書意欲は格段に落ちます。正直つまらないと感じている内容を仕方なく読んだり，難しい文章を理解しないまま読み進めたりしていることも多々あります。ですから，国語（日本語）だけでなく英語の授業でも，教科書以外に楽しそうな絵本の読み聞かせや，複数の選択肢から生徒自身が自分で読みたいものを選べるシステムの構築，クラス全員で取り組めるクイズなど，生徒が興味をもって読めるものを毎回数分でもよいので取り入れていくと，英語に親近感がもてるようになると思います。

### (3) 語彙力をつける

私は小学生のとき，わからない言葉は必ず辞書で調べるように親からも先生からも徹底して言われていました。クラスでは誰が一番速く辞書を引けるかが流行ったおかげで，辞書を使うことは苦ではありませんでした。これは，わからない言葉が出てきたら，いったん止まって意味を考える習慣がついたことに大いに貢献しています。アメリカで日本人の子どもたちを観察していると，年齢が低い（小学生以下）ほど，わからない言葉があってもまったく気に留めず，そのまま読み進める子どもが多いものです。本の主旨がわかっていない場合は，立ち止まって調べることを教えることが必要です。

低学年とは対照的に，高学年になるほど，今度はわからない単語が出てくるたびに調べる子どもの割合が増えます。そうなると，すべての言葉を調べることにもなりかねず，面倒な作業のために途中で挫折したり，いやになったりしますので，バランスが大切です。今では電子辞書やオンライン辞書が普及しており，瞬時に意味を調べられます。使えるテクノロジーは学校現場でもどんどん使うべきです。本の辞書にこだわる先生もいますが，そのような考えはナンセンスです。テクノロジーが瞬時に意味を教えてくれることで，立ち止まる時間が短縮されるため，文脈を忘れることなく意味を理解しながら読み進めていくことができるという大きな利点があり，これを利用しない手はありません。

本の辞書が引き起こす可能性のある弊害は，一つの単語を引くのに手間，労力，時間がかかることです。前述のとおり，単語を調べている間にそれまでに読んでいた内容を忘れてしまいがちです。また，几帳面な子どもや学習者は単語帳などに調べた単語をていねいに書き込んだり，定規を使って下線を引いたり，蛍光ペンで色をつけたりとさらに時間をかけていき，その作業をしたことで，語彙の勉強をしたと勘違いし満足してしまいがちです。これが実は大きな落とし穴で，そのような時間を割いている間に，何を読んでいたのかすっかり忘れてしまい，肝心の内容を正しく理解しないまま，読み進めてしまうことになりかねません。単語帳は一見ていねいな学習方法に見えますが，この方法で実際に語彙力がのびるかというと，そうではないことが多いのです。語彙は意味を理解して，自分で実際に何度も使ってみることで定着していきます。単語帳に時間をかけるより，その単語を使って文章を書いたり，話したり，反対語や同意語を調べて，その単語に関連づけて練習するほうが効果的です。

さらに本や電子辞書などの形態にかかわらず，辞書に頼りすぎても語彙力がつきません。なぜなら，辞書で調べたことに満足して安堵し，頭の中に残らないからです。かつて私がアメリカに渡ったときにはオンライン辞書はおろか，電子辞書もまだ出回っておらず，本の辞書でしたが，一度調べた言葉に赤線を入れてみたところ，同じ言葉を何度も調べていたことに気がつきました。なぜ，同じ言葉を何度も何度も調べてしまったのでしょう。それは，辞書で調べたときに「日本語で理解した」のに「英語を理解した」と思い込んでしまうからです。英和辞書で英単語を調べるときは，「日本語」で記載されている定義を読み，「日本語」で意味を理解することに集中するため，肝心の英単語には注意を払っておらず，一瞥しただけで終わってしまっていることがほとんどです。だから英語の単語は記憶に残らず，二度目に見たときも初めてみた単語のように思ってしまうのです。辞書に頼らず，英語を逐一日本語に訳さずにスラスラ読みながら理解する一番の近道は，前述のとおり，英単語の意味を調べたあとに，実際に五感を使って書いたり，話したり，同意語や反対語などと関連づけたりして，英語で文章を作ってみることです。単語帳の丸暗記よりも記憶に残りやすいはずです。

辞書に頼りすぎると，英語は日本語に変換しないと意味がわからないものという固定観念にとらわれることになりかねず，逆に語彙が定着しない結果を招く可能性もあります。日本人はほかの国の人に比べて英語が苦手であると感じることが多いのですが，私の個人的な意見では，何もかも日本語に訳さなければ英語を理解することができないと思っている人があまりにも多いからではないかと思います。日本では英語の授業は日本語で行われていることが多いため，英文は日本語に訳し，自分が言いたいことは日本語から英語に訳す，という作業が習慣化していることも一因ではないかと察します。英語の中に飛びこむという経験が少ないために，英語をそのまま受け入れるという方法を学んだことがないからではないでしょうか。英文を完璧な日本語に翻訳できなくても，また日本語から完璧な英語の文章にできなくても，辞書に頼りすぎず，自分が知っている単語や身振り手振りを使ってコミュニケーションを取る，という授業が奨励され，英語学習者が勇気をもって失敗してもトライしてみることを受け入れていけば，英語力はもっと上がるような気がします。

### (4) 読むスピードと理解するスピードを意識する

私は大人になってからも読むスピードは人より遅く，日本語でも一度読んだだけでは頭に入らず，読み直すことがあります。意味を考えるのも内容を把握するのにも時間がかかります。多くの人は目で文字を追う（黙読）スピードのほうが声を出して読む（音読）スピードより早いと思いますが，私の場合，日本語にはあてはまっても，英語ではどちらも大差ないスピードなのではないかと思います。

ただ，読むスピードはほぼ確実に読む量に比例します。つまりたくさん読むことで（練習することで）スピードは早くなります。私の読むスピードも，大学院や仕事で英語を読む機会が増えたことに比例して速くなり，それにともなって理解するスピードも速まりました。ですから，子どものときから読書をたくさんしていれば，速くスラスラと読めるとともに，一度で理解できる力が高まるはずです。私は速く読むことより，ゆっくりでも内容を理解することのほうが重要だと考えますし，とくに子どもが小学生の間は急かさないことが肝要だと思います。ただ現実の問題として現在の受験システムなどを考えると，残念ながら読む時間が十分に与えられることは少なく，制限時間という大きな壁が立ちはだかります。さらに，実社会で英語を使う場合は，英語での会話時にその場で返事を求められたり，会議で配布された英文での文書をその場ですぐに目を通し対応していかなくてはならなかったりすることが多いものです。そういう意味では，やはりある程度のスピード力をつけることは求められます。日本語の文章をもたもた読んでいる人が，英語でスラスラ読めるとは思えないので，まずは日本語で読書の習慣をつけること，そして，英語の授業でも会話やライティングに偏らず，毎回読む練習を入れることが大切です。

読む練習についておすすめは音読です。国語（日本語）の時間に音読が奨励されているのと同様，英語でも音読は読解のみならず，流暢に話す練習にもなるうえに，耳から聞く練習にもなり，一石三鳥の効果があります。日本の英語の授業では先生が生徒を一人ずつあてて音読させる光景をよく見かけますが，これはたいへん非効率的な方法です。日本の学校では1クラスに30人以上の生徒がいることも珍しくありません。一人が音読している間，残りの29人は黙読しているか，眠っているか，上の空かのいずれかです。だからといって，全員で声を揃えて合唱のように読んでも必ずそのなかにはみんなに紛れて口だけ動かしてはいるものの，実際には何も読んでいない生徒が潜んでいます。本当に全員が音読する機会をクラスの中で増やすためには，2人1組のパートナー制にして，1段落ずつ交代して相手に読むシステムにすると，クラスの全員が必ず読むことになり，睡魔に襲われる生徒が激減することまちがいなしです。時間は数分でかまいません。一斉に自分のパートナーに読むことで自分の声は隣の人の声に紛れたり，かき消されたりするので，自分だけがみんなの前で読むのと違い，ストレスも軽減します。練習すればするほど流暢になるので，口頭でスラスラ読めるようになると英語のリーディングのみならず，スピーキングにも自信がついていきます。

### (5) イメージ力をつける

音読でスラスラと流暢に読めていても，内容はまったく理解していないという子どもにこれまで何度となく遭遇してきました。とくにフィクションなどを読んでいる場合，何が起こっているのかを理解するのはもちろん，登場人物の心情なども理解しなければなりません。言葉では直接表現されていない微妙なニュアンスや，背後にある抽象的な考えを理解する必要もあります。

物語を読んでいて楽しいと感じるのは，その情景が目に浮かび，登場人物などに感情移入できるときです。とくに英語で読む場合は意味がわからない言葉もたくさん出てくるので，イメージがわけば，わからない単語の意味も想像しやすくなります。ですから，英語が初心者レベルであったり，イメージする（＝映像化する）力が乏しかったりする場合は，絵本など，すでに映像を読者に与えてくれるものを選ぶとよいでしょう。私が教えている子どもたちには，お話を読むときは頭の中でムービー（映画）を作りましょう，と言っています。主人公が赤い服を着ていると書いてあったら，頭の中で赤い色の服を着た人が浮かんでいなければなりません。

しかし，このイメージ力も日本語の読書スキルに起因しています。本を読むときに，頭の中で映像化（イメージ）する練習を幼いときからしている人は読解力ならびに想像力が高い傾向にありますが，母国語でイメージ力のない人は，英語でもイメージできません。英語の教科書で絵や写真などが少ない場合は，その内容にあった映像をインターネットから検索するなどして，視覚も使って内容を理解することが大切です。

また，伝記，歴史，科学などのようなノンフィクションを文字だけで読んでいるときも，インターネットを使えば画像や動画が検索できますから，ありとあらゆる内容に対応できます。この場合，動画は日本語でもかまいません。英語に飛び込むことが大切だと前述しましたが，背景になる知識がまったくない場合は，どんなに頭をひねっても意味を理解することは難しいので，母国語で情報を入れ，全体の主旨を理解しておくことで，英文や英単語の意味がつかみやすくなります。これはわからない英単語を一つずつ調べるより効果的で，わからない単語でも意味が想像しやすくなるため，英語での理解力が深まります。（島津）

## 3　フォニックス：解読（Decoding）

２章で触れたように，フォニックスとは音響学を用いた学習法で，単語を読むとき，それを構成するアルファベット文字と各文字がもつ音を関連づけて学習する方法です。音響学がリスニングやスピーキングに有効なのはわかりますが，なぜリーディングに役に立つのかと疑問に思われるかもしれません。その鍵は解読（Decoding）にあります。

フォニックスの規則を習得すると，知らない単語でも音を合わせていけば，読めるようになります。つまりアルファベット文字を見てそれぞれの音を出していけば，ある程度は読めるようになるわけです。しかし，規則には例外もつきものです。フォニックスにもルールにそわない単語が多くあるので，規則通りに発音したとしても，常に正しいとはかぎりません。しかし，フォニックスの規則を理解すると解読できる単語が増えるので，見ただけでは知らないと思っていた単語でも音を聞くことで正しい単語に結びつく可能性が高くなります。正しい単語に結びつけば，意味を理解する助けにもなります。読むことができる単語が増えれば，リーディングに自信もつきます。

他方，スラスラ読めているからといって，音だけを拾っているのであれば，意味をまったく理解していない可能性もあります。アメリカの学校でもリーディングには読解力の育成が欠かせませんが，まだ文字を読むこと自体が難しい幼稚園児や小学１年生では，フォニックスを用いた学習を併用して教えていきます。

次節では，読解力の育成の中でもとくに注目したいジャンル別の読解法，その中での推論と抽象的な思考および根拠の重要性，そして批評的な読み方について解説します。（島津）

## 4　ジャンルを考える英語学習

アメリカの公立学校は連邦政府および州が提示する学習指導要領をもとにカリキュラムを決めることが多いのですが，どのようなプログラムを使って指導するかは各町の教育委員会の判断に委ねられています。たとえば，小学校では教科書を使わない学校が多く，児童のニーズに合ったリーディング，ライティング，算数などのプログラムなどを，民間業者が研究開発したプログラムや教材の中から選定することが多いです。最近の小学校の国語（英語）教育ではワークショップ形式が効果的であるといわれているため（Hanover Research, 2014），リーディングワークショップとライティングワークショップ形式の授業を取り入れている学校は，リーディングとライティングの時間が別々に設けられていることが多いです。そのうえに図書の時間もあります。図書の時間は図書専門の先生が読書についてのみならず，たとえ小学校でも資料の検索方法やインターネットでのリサーチのスキルまで幅広く教えてくれます。また，リサーチで引用した情報源の信頼性や参照の仕方とその重要性（著作権や盗作）についても触れます。ここでは，アメリカの小学校のリーディングの時間にどのようなジャンルを学習するのかを参考にしながら，読解力の技能を高める方法を探ってみます。

日本の文部科学省が各学年に学習指導要領を設けているのと同じく，アメリカでもCommon Core Standards（コモン・コア・スタンダード）と呼ばれる全米共通学力基準があります。国語（英語）のなかでもリーディングに関しては，Reading：Literature（文献の読書）という基準があり，以下の項目で構成されています（Common Core State Standards Initiative, 2018）。

Key Ideas and Details（主旨と詳細）
Craft and Structure（文章の技巧と構成）
Integration of Knowledge and Ideas（知識と考察の統合）
Range of Reading and Level of Text Complexity（読書の範囲と文章の複雑性のレベル）

たとえば，「Key Ideas and Details（主旨と詳細）」の小学１年生の基準では，話の要点を理解し，主要な登場人物や設定を含めた大まかなあらすじを，文章や絵を使って説明することができ，要点を質問したり答えたりすることができるようになることが目安になります。

６年生の段階になると，それに加えて，話が展開するにつれて変化する登場人物の役割や心情などについて説明したり，具体的，抽象的に書かれていることを分析し，根拠を文中から引用したり，主旨やテーマを見極め，特定の詳細による効果を見つけたうえで，個人的な意見や判断を含めない要旨をまとめたりします。

12年生（高校3年生）ともなると，それらに加えて，複数の主旨やテーマを見極め，複雑かつ抽象的な表現を含む文章を分析し，客観的な要旨をまとめ，文章，語彙，構成がどのように関連し合い，特定の効果を生み出しているかを考察します。

また，「Craft and Structure（文章の技巧と構成）」においては，小学1年生の段階で感情や五感を表す言葉や文章を見つけ，物語（フィクション）と説明文（ノンフィクション）の主要な違いを説明し，文章の語り手を識別することが求められます。

6年生では，修辞技法や語彙の選択による効果や影響を分析し，全体のテーマや展開にどのように貢献しているかを考察し，作者が話し手の見解をどのように発展させているかを解説できるようにならなくてはなりません。

12年生では，そのうえに言葉の選択の累積において，シェイクスピアなどの新鮮で美しく魅力的な言葉に注目し，話の展開や構築に与える影響や，直接的な表現から抽象的な表現，風刺や隠喩などの背後にある真の意味を読み取り，さまざまな見解を識別する力を養います。

上記はほんの一部の例ですが，アメリカではこのように幼稚園から12年生まで複雑な読解のスキルを系統立てて積み重ねながら学習しています。とくに小学校の間では，前述しているとおり，リーディングとライティングの時間が別々に設けられていることが多く，リーディングの時間では深く内容を理解することに焦点があてられ，作者の見解や読者の見解などを深く掘り下げて話し合いがもたれたり，議論を闘わせたりします。

そのことを考えると，日本の小学校の国語の時間はライティングとリーディングの両方を短時間にカバーしなければならないうえに，漢字の学習などにかなりの時間が割かれているのが現実です（1章参照）。リーディングとライティングの境界線も不明瞭であり，両者の指導のバランスを保つのが難しいように思います。また，日本の中学校や高校ではリーディングの比重が多くなることが顕著であるため，たくさんの量（エッセイ，レポート，論文など）を書くことに慣れておらず，ボストン近郊に引っ越してきた日本人の子どもと保護者がアメリカの現地校での課題に面食らい，とまどっているのをたくさん見てきました。

英語の文章がどのような構成で作成され，主旨となる文章がどこに記述されており，どの語彙や表現に注意を払って読まなければならないのかということが理解できれば，英語の読解は楽になります。また，ジャンルによって書く形式や作者の意図表示方法が異なっていることを理解していれば，読み解く方法もそれに応じて対応していくことにより，理解が深まります。

そこで，アメリカでは内容の理解を深め，作者の意図をくみ取るために，リーディングをジャンルに分けて系統立てて教えることもします。日本語と同様，英語の読み物もさまざまなジャンルに分けることができます。

全米共通学力基準では，国語の時間に以下のジャンルを学校で学習することが奨励されています（Common Core State Standards Initiative, 2018）。

| | 幼稚園～5年生から学ぶジャンル | 6年生～12年生（中学～高校）でさらに加わるジャンル |
|---|---|---|
| 物語 | アドベンチャー，民話，伝説，寓話，ファンタジー，写実主義小説，神話 | 歴史小説，ミステリー，神話，サイエンスフィクション，寓話，パロディー，風刺，漫画 |
| 劇 | 劇，有名な話の短い脚本 | 一人芝居，文章として書かれているもの，ならびに，動画 |
| 詩 | 童謡，物語詩，滑稽五行詩，自由詩 | 歌詞，ソネット集（シェイクスピアの恋愛詩集），叙情歌，バラード，叙事詩 |

日本の英語の教科書だけでは，さまざまなジャンルをカバーするには限界があります。ですから，英語の教科書だけで授業を進めるのではなく，必要に応じて副教材として絵本や読み聞かせのためのオーディオブックなどを利用することがこれからの英語学習で必要とされていくのではないかと思います。語彙力は，読書の量が多いほど増えていきますし，暗記に頼らずその語彙を文章の中に使っていくなどすると，実践的な英語力に直結します。

また，ジャンル別の読解力でいうなら，アメリカでは園児のころから，学校のリーディングの時間にフィクションとノンフィクションの違いについて学び，またそのなかでもさまざまなジャンルのものを読み進めていきます（それぞれのジャンルの基本的な書き方の形式については，5章参照）。ここではノンフィクションとフィクションの読み方を紹介します。この読み方のスキルは英語力というより，日本語力であるといえるので，まずは日本語でできるかどうかを確認する必要があります。

### (1) ノンフィクション

ノンフィクションは事実を伝達するための読み物です。ノンフィクションの中にもさまざまなジャンルがあります。たとえば，新聞に書かれているニュースの記事や，理科，社会などの教科書に書かれている文章は，ノンフィクションがほとんどです。事実に忠実に基づいた伝記や自叙伝などもノンフィクションですし，レポート，ジャーナル，日記，研究論文などもノンフィクションになります。

情報伝達のための文書において，最初に序論の段落がある場合は，そこに作者が伝達したい事実や情報の主旨が書いてあります。ほぼ結論に近いことも序論で示したりします。これは英語の文章を構築する場合，前置きを長くするより，まずは簡潔に主旨や要点を述べ，そのあとにその根拠や理由，詳細を書くことで，意図する主旨が確固たるものであることを証明していくパターンが多いためです。そして最後に結論として，再度主旨を述べますから，最初と最後の段落をしっかり読むことで主旨が読み取れることが多いのです。

また内容に関しては，各段落の冒頭には Topic Sentence と呼ばれる主要文が最初に記載されていることが多いので，各段落の冒頭の文をしっかり読むことで，その段落の目的や主旨が理解しやすくなります。時間がないときなどは，各段落の冒頭部を読むだけで，だいたい何が言いたいのかがわかるときもあります（5 章参照）。

また，ノンフィクションの読み物では，書かれている事実の信憑性を証明するために，根拠，理由，情報源などを読み取ることが肝要となるため，本や文書の中で使用されている写真，イラスト，脚注，引用などにも注意を払って読むことを小学校の頃からしっかりと教えられます。日本人の学習者は絵や写真を軽視しがちで，そこから事実を読み取ることをあまり教えられていないように思います。ですから，「この写真を見てわかることは何ですか。その根拠は何ですか」というように，写真だけを見せられたときに，大人でも回答に窮することがあります。私も自分の教え子には，「Learn from the pictures.（絵から学びましょう）」と言って教えています。読解力は言葉のみから養われるわけではありません。これは言語の問題ではないので，日本でも国語，理科，社会の時間に絵や写真についての会話を増やし，そこから何が学べるのかという考察力を養うと，読解力と興味が高まると思います。英語の場合は，英語の文章の意味がわからないことが多いだけに，絵や写真は大きな助けとなるので，画像から意味を読み取る時間をしっかりとるほうがよいと思います。

そして，絵や写真について考察し話し合うことの重要性は，答えが一つではないことです。自分では気がつかなかったことがほかの人には見えていたり，考えもつかなかった考察を見聞きしたりすることで読解力と思考力がさらに高まるはずです。

### (2) フィクション

フィクションとは作り話です。フィクションの中にもさまざまなジャンルがあります。たとえば，写実的小説，ファンタジー，歴史的小説，科学小説，ミステリー，冒険小説などです。

アメリカの小学校では，フィクションの読み方を教える際も，その構造を分析して理解を深めるようにします。たとえば，作り話の場合，「登場人物」「設定（いつ・どこ）」「話の展開」の３つの要素がとても重要になります。

「登場人物」の学習では，小学校の低学年でも，人物分析を行います。それぞれの登場人物に対して作者の使った言葉（動詞，形容詞，副詞など）の効果，比喩や直喩などあらゆる手法に注意を払い，登場人物の外見から心理面にいたるまで，根拠を用いて説明することで，各登場人物の理解を深めます。

また「話の展開」の学習においても，その話のなかで起こった困難な出来事や障害について話し合い，それがどのように解決していったかなどについても詳しく話し合いをします。ときには作者の描いた結末が妥当であったかを討議したり，自分ならどのような展開にして，どのような結末に変更するかなどを考えたりもします。想像力をふくらませることはもちろん，論理的に考えることもしっかり学びます。先生や保護者は子どもが読書をしているときや読み聞かせをするときにさまざまな質問を投げかけ，ただ読むのではなく，考えながら読むことを教えます。以下に読書の際の効果的な質問の例を紹介します。

読解力を深める質問例

| 読む前 | 読んでいる途中 | 読んだ後 |
|---|---|---|
| 本をすぐに開かないで，読む前に表紙を観察する | 次のページをめくる前に，立ち止まって考える | 読み終わった後に，あらすじ以外の考察をする |
| 質問例：<br>● どのような登場人物が出てくると思うか。またいつ，どこで起こった話だと思うか。（表紙の絵などから読み取る）<br>● どのような話だと思うか。（表紙のタイトルや絵から読み取る）<br>● この本から学びたいことは何か。（目的意識をもって読む） | 質問例：<br>● 次のページで何が起こると思うか。なぜそう思うのか。（論理的な予測）<br>● 登場人物の心情は何か。なぜそう思うのか？（抽象的な考察）<br>● 自分に同じような経験はあるか。自分だったらどのように感じたり，振る舞ったりするか。（自分との関連づけ） | 質問例：<br>● 好き，または，嫌いな登場人物は誰だったか。なぜそう思うのか。（論理的な意見の共有）<br>● 結末を変えるとしたら，どのような結末にするか。（論理的な創造）<br>● 作者が読者に伝えたかったことは何か。（本の目的）<br>● この話から学んだことは何か。（統括的な考察） |

以上のような質問を読書前，読書中，読書後に問いかけることで理解はより深まります。私の住むマサチューセッツ州では，各町の公立学校機関は幼稚園年長の授業を住民に提供する義務があり，小学校のなかに組み込まれていることがほとんどなのですが，幼稚園児でもこのような質問に慣れ親しんでいます。英語のリーディングにおいて，日本語にひたすら翻訳することに集中しすぎていると，リーディングの目的が日本語で理解することになってしまいます。ですから，たとえ英語で書かれていても，読み物として作者が伝えたいことを読み取るために学習しているのだ，という方向に意識を変えるとよいと思います。そうすることにより，読んでいる文章にも興味がわき，内容も語彙も自分と関連づけることができるので，暗記するより記憶に残りやすく，実践的な英語力が身につきやすくなります。

ここまでのところで，アメリカの現地校でのリーディングの例を解説してきましたが，その理由は，英語のリーディングの構造を学ぶことにより，英語学習が効果的にできるようになるという確信があるからです。日本人が英語のリーディングを学習するときに，ただ何となく最初からがむしゃらに読むというのでは，気合だけで読んでいるようなものです。ただでさえ，理解不明な英単語や英文にストレスがともなうので，モチベーションを上げるには「意味がわかる」という経験を多くもち，読むのが「楽しくなる」必要があるのです。（島津）

## 5　考える力

アメリカでは幼稚園から大学にいたるまで，教師から最も多く発せられる言葉の１つが「Why?（なぜ）」だといっても過言ではないと思います。子どもたちは「なぜ」と問いかけられることで，幼いときから深い洞察力が養われ，同時に論理的に人に説明する力も培われます。同じ物事に対してであっても，人によって感じ方が異なることもありますので，なぜという問いかけに対する答えやその根拠が異なってくることもあります。そのような場合でも基本的には，アメリカの先生はしっかりとした根拠があり，つじつまが合うようであれば，その答えを柔軟に受け入れてくれる度量もあります。しかし，私の経験上，アメリカにやってきた日本人の子どもや保護者はこのような問いかけにすぐに答えることが困難であるうえに，根拠に自信がもてない場合が多くあります。その背景には，まず，そのような問いかけを日本でされたことがない，自分の洞察よりも正解は何かということを気にして尻込みしてしまうようなのですが，それは論理的思考の経験不足が原因と考えられます。

また，アメリカでは先生が問いかけるのと同じくらい，子どもたちも先生にたくさんの質問をします。しかし，日本では大人も子どもも「何か質問はありますか」と聞いても，無言になることが多いです。とくに大きな集団の前ではほとんど質問しません。それは，日本では教師が教え与え，生徒はそれを享受するというスタイルが一般的な学習法だからなのではないかと思います。そのため，子どもたちは先生に対して「なぜ」「どうして」と聞くことにためらいが生じているように思います。質問をしたら，自分が無能だと思われるのではないか，授業の妨げになるのではないか，先生を試していると思われるのではないか，などと懸念し，高学年になるほど質問しなくなるように思われます。しかしこれでは深い考察や探究心の芽を摘んでしまうことになりかねません。まずは大人たちが手本となって質問することを奨励し，質問できる安全な環境を学校でも家庭でも整える必要があります。

また深い考察力をリーディングで育む場合，たとえば，作者の意見に賛同できるか，登場人物の行動に違和感を覚えはしないか，的確な言葉で描写されているか，納得のいく結末かなど，自分が評論家になったつもりで疑問をもちながら読みそれぞれの根拠を考えてみることで，論理的な説明ができるようになります。これは批判的な思考（Critical Thinking）の方法の一つであり，アメリカでは幼稚園のときからそのような考え方を学びます。幼稚園児がどうやってと思われるかもしれませんが，まずは「好きか」「嫌いか」という自分の意思表示をし，その理由を述べることから練習します。日本と同じように読書感想文を書くことも教えますが，日本の場合，読んだ本がどのように素晴らしかったか，何を学んだかと肯定的な内容を書くことが前提になっていることが多いと思います。アメリカでは，なぜその本が嫌いだったか，なぜ人にすすめたくないかなども好んで話し合われます（1章参照）。

読書感想文以外にもさまざまなプロジェクトがあります。たとえば，読んだ本の書評を新聞記事にして新聞やポスターを作成したり，シリアルの空箱を本に見立てて上から紙を貼り，自分が読んだ本を自分が出版するとしたら，どのようなカバーや扉にするかを作成したり，自分が登場人物の一人になりきって，登場人物と同じような服装やしゃべり方をしてプレゼンテーションしたりと，想像力豊かなプロジェクトばかりです。子どもたちは楽しいプロジェクトなら意欲的に取り組みます。また，プロジェクトを通してさまざまな観点から考察しなければならないため，必然的に読解力が高まります。日本の英語の授業でもこのようなプロジェクトを取り入れると学習意欲が高まり，真の理解が深まると思います。

また，アメリカでは大人も子どもも「ブッククラブ」という集まりがさかんに行われています。読書同好会の集まりですが，メンバー全員が同じ本を読み，週に一度，月に一度など，定期的に集まって，その本について語り合います。このとき，登場人物の好き嫌いはもちろん，話の展開の満足度など，さまざまな観点から意見や感想が出されます。自分一人で読んでいては気がつかなかった見解や詳細が掘り起こされ，さまざまな刺激を受けます。学校のリーディングの時間にブッククラブを取り入れることもあります。公立の図書館でもブッククラブの登録ができたり，職場でも読みたい本があったときにブッククラブを有志が立ち上げたりします。昼食時や休憩時間に同僚や上司と本について語り合う機会では，それぞれの意外な部分を発見することにより，人間関係が構築されたりもします。大人同士の会話でも，最近どのような本を読んだかが話題になるため，読書が生活の一部となって子どもたちのよい手本にもなります。このような会話は誰が正しくて誰がまちがっているかという査定的なものではなく，批判的に読むことで，内容を何倍も深く学べ，興味が増すなどの効果をもたらします。

残念ながら，日本人の場合，好き嫌いをはっきり表示することができない人がたくさんいます。これは自己主張することは和を乱すという，日本文化が影響していることも考えられますが，これからどんどんグローバル化される社会で生きていく子どもたちには，自分の意思をきちんともつことを教えることはとても大切です。その表現の仕方は，それぞれの国の文化に合わせていけばよいのです。

まずは，日本語での読解力と表現力を強化し，英語も日本語も言語なのだから，別々のものと思わず，日本語でもち合わせている能力を英語にも十分発揮することで英語力がのびるという事実を知ることが大事だと思います。

（島津）

5章

# ライティング能力をのばす

島津由以子

## 1　ライティング能力とは

前述のとおり，多くの場合アメリカでは小学校の間はリーディングの時間，ライティングの時間と分かれています。また，日本の国語の時間では読むことに重点が置かれ，授業中に長文を書くことが比較的少ないのに対し，アメリカでは読むことにも書くことにも同等に重きを置いているため，幼いときから，かなりの量のライティングをこなします。

日本では作文や感想文が書けるようになる前に，まずは，ひらがなやカタカナ，そして漢字を書く練習をし，その読み方と意味を習う必要があります。英語も同じで，まずはアルファベット文字の書き方を習います。日本語と違って，英語で使うアルファベット文字はたったの26文字です。何千字という漢字を使う日本語と比べると，ほんのわずかです。しかし，英語には，漢字と同じくらい複雑なスペル（spelling）を覚える必要があります。アルファベット文字をさまざまに並べることによって，多様な単語をつくり，その意味を理解することによって，文章を書くことができます。

ただ，日本のように漢字帳に何度も何度も完璧に覚えるまで漢字を書き続ける，というような書き取り練習はアメリカの学校では通常しません。ではどうやって単語のスペルを学習するのでしょうか。アメリカの学校では，前章で触れたフォニックス（Phonics）と呼ばれる音響学を用いた学習がさかんに行われています。本章ではまず，日本の漢字の練習方法で英単語やスペルを覚えようとする弊害についてフォニックスを用いて説明します。

通常，文章を書くというのは，それを読んでくれる人に何かを伝えることが主な目的であると，アメリカでは考えられています。文章で明確にコミュニケーションをとるには，その目的や用途にあった書き方をしたほうがより正確に伝わります。アメリカの学校では，用途に合わせたさまざまな形式での書き方を小学校のうちからきっちりと教えていきます。これらの形式を知らないがために，多くの日本人が書く英語の文章はまとまりがなく，アメリカ人が読むと何が言いたいのかよくわからない，と思われてしまうのが現実です。形式をマスターすれば，論文や仕事で書く文書ですら，劇的に上達します。本章ではよく使われる３つの形式である「Narrative Writing（説話文）」「Opinion Writing（意見文）」「Informational Writing（説明文）」の基礎についてもご紹介します。（島津）

## ２　フォニックス：コード化（Encoding）

２～４章で解説したように，フォニックスは単語の読み方を，アルファベット文字と各文字がもつ音を関連づけて学習する方法です。スピーキングやリーディングの章では，単語のスペルの中にある１つ１つのアルファベット文字を見て，それぞれ文字がもつ音を出すことで，Decoding（解読）でき，知らない単語でも上手に発音し読むことができると説明しました。

ライティングではその逆のことをするわけです。つまり，単語のスペルがわからなくても，その単語を発音して１つ１つの音を拾いながら，音と文字を関連させてEncoding（コード化）していきます。この場合のコード化は音をアルファベット文字に書き換えていく作業です。たとえば，「カップ」という単語を書く場合，カップをゆっくり一音ずつ発音していくと「カッ－アープ」となります。そうすると，カップという単語の中には音が３つあることがわかります。その音をアルファベット文字に置き換えていくことにより，アルファベット３文字「c（カッ）－u（ア）－p（プ）」のスペルであると想像がつきます。

私がアメリカの小学校で母国語が英語でない子どもたちに英語を教えているときも，子どもたちからスペルをよく聞かれます。そのときは，決まって，「Sound the word out.（その言葉の音を出してごらん）」といいます。１つ１つの音を出しながら，それらをアルファベット文字に置き変えていく作業では，もちろん正しくないスペルになってしまうこともあります。たとえば，上記のカップの例ではkupと書く子どもが必ずいます。また，フォニックスのルールに沿わない単語も数多くあるので，常に正しいスペルになるとはかぎりません。それでもかまわないのです。要するに，まずは自分が書きたいことを文字にして，きちんと内容を書き続ける作業のほうが大切なのです。

しかし，日本人はスペルにたいへん神経質です。これはきっと漢字の書き順や「とめ，はね，はらい」さえまちがえてはいけないという厳格な学習法に影響されているのではないかと思います（1章参照）。ですから，小学校でも，英語で文章を書くときには，スペルは絶対にまちがえてはいけないと思い込んでいる日本人の子どもや親が多く，そのために，文章を書いている途中で頻繁にスペルを尋ねてきます。尋ねる相手がいない場合は，スペルがわからない単語のところで止まってしまい，それ以上先に進めず，書くこと自体をやめてしまうこともあります。これでは，伝えようとしていることがまったく伝わりません。ましてや，書いている途中でスペルに気を奪われることで思考が中断し，結局何を書いていたのかさえ忘れてしまう子どももいます。

本来，書くという行為の目的は物事を伝えることであり，スペルが完璧でなくても，内容は伝わります。スペルを軽視しているのではなく，英語のライティングを上達させるには，「正しいスペル」の呪縛を解き放ち，まちがえてはいけないという恐怖感を軽減する必要があるということです。漢字の書き取り方法では記憶に頼るところも多いので，スペルもすべて暗記しなければならないと勘違いしている日本人がたいへん多くいます。しかし，フォニックスを使えば，暗記に頼る必要はなく，各アルファベット文字が出す音さえ覚えていれば，完璧ではなくても，どんな単語でも綴ることができるのです。ですから，まずは教師や親が，英語の学習場面では，漢字の書き取り学習法のようなものを一旦忘れて，スペルのまちがいを逐一指摘しないでまちがってもよいという環境をつくり，スペルの正しさよりも伝えたいことの内容を重視する姿勢を子どもたちに示すことが大切です。

アメリカの小学校では，音に関連した文字で単語が書かれていれば，正確なスペルでなくても先生はとがめません。もちろん，日本で学年ごとに学習すべき漢字があるのと同じように，英語でも，学年に応じてスペルを知っておくべき単語はありますが，それ以外であればスペルのまちがいを逐一指摘されることはほとんどありません。そしてもちろんアルファベット文字のはねやはらいができていないからといってとがめる教師はほぼ皆無です。指導に時間をかけるべきところはそこではなく，内容であることが共通認識だからです。

ではフォニックスを使った書き方の例を見てみましょう。小学1年生では以下のような書き方が見受けられます。解読できるでしょうか。

Wen I go houm, I wil tok to my litl brothr bicauz he put his snac in my bakpak bi mistak. I had to et his apl, but I didn't lik it.

このように，子どもが自分で音を出してつくりあげた綴りのことを英語で「Invented spelling（考案したスペル）」と呼びます。正しいスペルを使うと以下のとおりです。

When I go home, I will talk to my little brother because he put his snack in my backpack by mistake. I had to eat his apple, but I didn't like it.
ぼくは家に帰ったら，弟に話をします。なぜかというと，彼はぼくのかばんにまちがえて自分のおやつを入れてしまったからです。ぼくは彼のりんごを食べなければならなくなりました。しかし，ぼくはそのりんごが好きではありませんでした。

この文章の場合，「wen（when）」「houm（home）」「wil（will）」「litl（little）」「brothr（brother）」など正しいスペルで書かれていない単語がたくさんありますが，各単語がもつすべての音が文字に置き換えられており，1年生で知っているべき「I」「to」「my」などの単語は正確に綴られていることから，先生がそれ以外の単語のまちがいを指摘することはほとんどないでしょう。これは，英語がネイティブ（母国語）である現地の小学1年生でよく見かける書き方です。

英語学習初級者が上記の例文のように書くことができていれば，内容や詳細をほめ，スペルは目をつぶる，ふところの深さが必要です。ほめるときには以下のところに注目してあげるとよいでしょう。

子どもへの声かけ　〈ほめ方〉
・すべての単語の音が拾えたこと
・詳細が入っていること（弟がわざとしたのではなく，まちがえたこと。りんごが好きではなかったこと，など）
・接続詞を使っていること（「～とき（when）」「なぜなら（because）」「しかし（but）」など）

子どもへの声かけ　〈次のステップへの指導の仕方〉
・読者として，その後どうなったかが知りたいので，もっと詳しく書いてほしい（やる気を出させ，さらに詳細を加えて長文を書くよう促す）
・会話文の導入（弟は何と言ったのかを「かぎかっこ（“　”）」を使って表す，など）

アメリカでは，この調子でたくさんの文章をどんどん書くことを奨励し，小学校低学年では学年相当の語彙や詳細の説明を使い，書くことは苦痛ではなく，楽しいことだと思えるように指導します。それには同時に絵もたくさん描かせて，絵についても説明させ（スピーキング），さらなる詳細の説明を引き出します。話すこと（スピーキング）は，言葉を音にすることですから，フォニックスを用いて書くときにも役立ちます。スペルのまちがいは書き終わったあとに，読み直しの時点で訂正することもできます。また，読書をたくさんすることによって自然と身につけていくこともできますので，英語が初級の子どもにとっては，スペルがライティングの重点になるべきではありません。

ところが，日本人の書く英語の文章を読むと，スペルのまちがいはほとんどないのですが，詳細が欠けていて，理路整然とした文章になっていないことが多々あります。小学生では「楽しかったです」で終わっている作文をよく見かけますが，何がどんなふうに楽しかったのか，日本語でさえ詳細を具体的に書くことができている子どもは少ないように感じます。

日本の英語の授業でも，スペルのまちがいやアルファベット文字の「はね」や「はらい」をいちいち指摘することに神経を尖らすのではなく，中身のある内容が書けているかどうかに重点を置くことが重要な点だと思います。

（島津）

## 3　ライティングの３側面

前節で触れたように，フォニックスができたからと言って，英語を書くことが上手になるわけではありません。文章を書くということは，自分の中にある考えや伝えたいことをきちんと文字にまとめて外に出していくことです。つまり，書くことはアウトプット（出力）ですので，自分から積極的に発信する必要があります。言語学習においては通常受け身のものから習得されていくことが多いので，アウトプットであるうえに，学習言語や専門用語が必要となってくるライティングは，英語を学習する多くの人が4技能（リスニング，スピーキング，リーディング，ライティング）の中で最後に習得する能力とされています。

また，前節で述べたとおり，日本人の書く英語の文章は，詳細が欠けていて，理路整然とした文章になっていないことが多いのですが，これは，英語の語彙力や表現力の欠如はもとより，英語以外の能力も身についていないことが問題だと考えられます。とくに私が力説したいのは，以下の力が足りないということです。

・自分の考えを発案する力
・論理的に考える力
・目的にあった形式で書く力

洗練された英文を書くには，豊富な語彙力や正確な文法と表現法などを習得した英語力が必要です。しかし，中身の濃い内容を書くには上記の3点がまずは母国語（日本語）でもできるかどうかを考えてみてください。なぜなら，日本語で出力できないのであれば，英語がどんなに上達したとしても，よい文章を書くことは難しいからです。

アメリカのESL教育では，全米50州中35州（2020年1月の時点）がWIDA（World-Class Instructional Design and Assessmentの略で「ウィダ」とよぶ）の学習標準を採用しています。以下が小学1年生から高校3年生までの母国語が英語でない生徒のための英語学習に共通するライティングの学習基準（WIDA, 2014）です。この基準では記載されている3つの側面のすべてができてはじめて，ライティングのスキルを習得したとみなします（この3側面はスピーキングにも使用されています）。

ライティングの3側面

| Linguistic Complexity<br>言語の複雑性 | Vocabulary Usage<br>語彙の使用 | Language Control<br>言語の制御 |
|---|---|---|
| 複合文や修飾など，さまざまな形態の文章を作成し，長文を書くことができるか，そして適切な接続詞などを使って理路整然とした段落を形成することができるかなどをみる。 | 目的やトピックに該当した適切な語彙を使用することができるか，特定の学習用語や専門用語を駆使することができるかなどをみる。 | 文法や句読法を含む，英語のルールに沿った適切な文章を書くことができるかなどをみる。 |

WIDAの学習基準はESLの英語学習者を対象にしたものです。また1章でも少し触れましたが，全米の児童・生徒を対象にしたCommon Core Standardsと呼ばれる全米共通学力基準もあります。これは米国連邦政府による学力レベル向上策の一つで，多くの州がこの基準に準拠しています。私が教えているマサチューセッツ州でも公立校の英語学習者はこの両方の基準に準拠した授業を受けています。（島津）

## 4　3つの基礎形式

アメリカのライティング学習では，Narrative Writing（説話文），Opinion Writing（意見文），Informational/Expository Writing（説明文），Literary Essay（随筆），Descriptive Writing（解説文），Poetry（詩）などの形式のほかに，Journal（記録文），Letter（手紙），Script（脚本）など，さまざまな形態を学びます。アメリカの小学校では，ライティングのプロセス（計画，下書き，修正，校正など）に重点を置き，中学・高校では，洗練されたライティングのスキル（語彙，構文，考察の整理と進展，厳選された情報と情報源など）に重点をおきます。

それに対して，日本ではライティングを形式別に分類して学校で教えているという例はあまりないように思います。他方，アメリカでは各形式による書き方を幼稚園のころから教えています。目的に合わせた形式を使うことは，ライティング本来の意思疎通の達成という観点からたいへん有効かつ効果的で，日本語でも大いに役立つ内容です。実際に，私が指導した日本人の教え子の保護者から，英語のライティングを習ったおかげで，日本語でのライティングが飛躍的にのびたという報告をよく受けます。

これらの形式を知っていると，英語でのライティングが格段に上達するので，以下では，私が最も基本だと考える3つのライティング形式の基礎をご紹介し，どのように考える力を身につけていけばよいかを説明します。

（島津）

## 5 Narrative Writing（説話文）――ライティング形式その1

Narrative（ナラティブ）という言葉にはお話や語りという意味があり，Narrative Writingは説話文と訳されます。説話文の大きな目的はEntertaining（エンターティニング），つまり，読者を楽しませることです。私がアメリカの小学校で教えている説話文には大きく分けてノンフィクションとフィクションの2種類があります。それぞれの例の一部を以下に示します。

①ノンフィクション：実際に起こったことの話（Factual Narratives）

・自分に起こった事実の話（Personal Narratives）

・伝記（Biography），自伝（Autobiography）

・回想・体験記（Memoir）など

②フィクション：作り話（Fictional Narratives）

・写実主義小説（Realistic Fiction）
・おとぎ話（Fairy Tale）など

よりよい説話文を書くには，自分が書こうとしているお話の中で，どのような対立，障害，問題が起こり，それを解決するためにどうしたのかなどを考えて書いていくと上達します。そのためには思いのままに書くのではなく，書き始める前に計画を立てて書くと洗練されたライティングになります。以下に，説話文を書く前に考えることの例をあげます。

・登場人物（Characters）はだれか（主人公，敵対者など）
・設定（Setting）はいつ，どこか
・話の構想（Plot）：始め，中，終わりに何が起こるか
・テーマ（Theme）はなにか（主題，動機，比喩，道徳，風刺など）
・ジャンル（Genre）はなにか（フィクションか，ノンフィクションか）
・語り手（Narration）はだれか（自分または第三者）
・時制（Tense）はいつか（現在，過去，未来）
・対象となる読者（Audience）はだれか（子ども，大人，同級生など）

### (1) 説話文の構成

説話文は物語を創作するときだけでなく，自分に起こった話を書くときにも使います。たとえば，今日何が起こったか，夏休みにどこに行ったのかなどを記す作文も説話文です。説話文には「登場人物」「設定」「話の構想」の3要素を必ず含める必要があります。それぞれの特徴を解説していきます。

### (2) 登場人物（Characters）

物語に登場人物は不可欠ですが，週末に何をしたかというような作文の場合の登場人物は架空の人物や動物ではなく，実在のものになります。家族や

親戚，先生や友だち，ペットなど，すべてが登場人物になり得ます。説話文を書き始める前段階として，登場人物はだれか，その外面と内面の描写，そして登場人物に命を吹き込むための会話文などに考えをめぐらし，以下を参考に計画を立てるとよいでしょう。

| 登場人物（Characters） |
| --- |
| ●主人公はだれか，敵対する人物はいるか，他に誰がいたか（名前はなにか）<br>●登場人物はどのような格好をしていたか（外面）<br>●どのような性格でどのような気持ちだったか（内面） |
| **会話文（Dialogue）** |
| ●登場人物が発した言葉はなにか<br>●かぎかっこを入れるとしたらどこが効果的か |

### (3) 設定（Setting）

設定とはお話がいつどこであったかです。設定は場面によって変わることもあります。週末に動物園に行った説話文であれば，設定は日曜日（いつ）と動物園（どこ）です。しかし，それだけでは読者にイメージを浮かべさせることはできません。設定では，修飾語や修辞法などをたくさん使って，情景が思い浮かぶように表現することが大切です。これには高度な言語スキルが必要であり，英語学習の初級者にとっては難しいかもしれません。日本語の作文でもしっかり書く練習をしておくと，英語でも書けるようになるでしょう。

初級者の例

I went to the zoo on Sunday.

私は日曜日に動物園に行きました。

中級～上級者の例

On Sunday, my sister and I visited the Franklin Park Zoo, which is located in Boston, Massachusetts. It was so hot out that it felt as though we were in the middle of a desert. The place was packed full of families.

私と妹は日曜日にマサチューセッツ州ボストンにあるフランクリン・パーク動物園に行きました。とても暑い晴れた日で，まるで砂漠の真ん中にいるようでした。動物園はたくさんの家族で賑わっていました。

| 設定（Setting） |
|---|
| ●いつ起こったのか（季節，日時など）<br>●どこで起こったのか<br>●そこは，どのような場所だったか（詳細） |
| **修飾語／修辞法（Figurative Language）** |
| ●形容詞をたくさん使っているか（色，形，大きさ，感情などを表す言葉を追加できるか）<br>●直喩（similies）・隠喩（metaphor）で表現できるところはあるか（まるで～のように） |

### （4）話の構想（Plot）

説話文を書くとき，英語初級者の構想では「はじめに」何が起こり，「次に」何が起こり，「最後に」どうなったか，を書くことをめざします。英語中級～上級者においては，それらをさらに発展させ，序盤から中盤までは話の背景づくりをし，中盤に山場をつくって盛りあげ，結末へと展開していくという構想が求められます。

説話文は基本的に順序立てて話を進めていきますので，はじめに何が起こったか，次に何が起こったか，そして最後に何が起こったかを，箇条書きなどにして計画を立てます。英語の初級者には，順序や時を表す接続詞を使うように指導し，中級以上の学習者には同じ接続詞を何度も使わないで，さまざまな接続詞を駆使するように指導するとよいでしょう。以下に，文脈を整えるのに有効な接続詞の例をあげます。

| 英語初級者 | 英語中級～上級者 |
|---|---|
| First（はじめに）<br>Next（次に）<br>Then（それから）<br>Finally　Lastly（最後に） | When　As（～とき）<br>Before（～の前に）　After（～の後に）<br>While　Meanwhile　During（～の間に）<br>Eventually（最終的には，ゆくゆくは） |

さらに，説話文では話の構想の中にConflict（コンフリクト）があると話

がいっそう盛りあがります。Conflictとは「矛盾」という意味で使われることが多いのですが，説話文では「障害・問題」という意味で使われます。つまり，登場人物に降りかかる「対立」や「緊張」などを意味し，ストーリーの展開上でさまざまな「障害」や「問題」を生じさせると話がより興味深くなります。

対立の中には内面的なものと外面的な対立があります。これらを意識して書くと，さらに洗練された説話文をつくることができます。

| 内面の対立（Internal Conflict） | 外面の対立（External Conflict） |
| --- | --- |
| 主人公が自分自身に疑いをもっていたり，悲しみや罪の意識などのジレンマをもっていたりするのが内面の対立（Internal Conflict）である。主人公がそれとどのように向き合っていくかが話のゴールとなる。 | 主人公や敵対者の間で敵対があることが外面の対立（External Conflict）であり，どのように敵対者を倒すかが話のゴールとなっている場合は外面の対立の例である。敵対者は悪者であることも，災害などの自然であることもある。 |

では，日常生活を描写する作文に価する説話文を書くときに，どのような対立を話の中に入れることができるでしょうか。それは些細なことでよいのです。そこから話を発展させて解決に向かう話をつくると読者が引き込まれる説話文となるでしょう。以下に対立の例をあげます。

| 内面の対立（Internal Conflict） | 外面の対立（External Conflict） |
| --- | --- |
| ●動物園でお小遣いを寄付するか悩んだ。<br>●妹とけんかをしたので謝ろうと思ったのに無視してしまった。 | ●動物園でヤギに追いかけられた。<br>●電車の中で財布を盗まれてしまった。 |

### (5) 説話文の書き方

アメリカの小学校では，書き始める前に計画を練ることと下書きに時間をかけます。計画の段階では箇条書きや年表などの整理図を使って，出来事が起こった順番を書き表したり，関連図やT字の図などを使って山場となる問題は何で，どのようにその問題が解決したかなどを考えたりします。入念に計画を練ってから書くと，興味深い話が書けるようになります（整理図に関しては，本章の「8　構想の整理図」を参照)。日本語でもぜひ練習してみてください。以下にライティングのレベルに応じた説話文の書き方のポイントを記します。

初級

英語初級者の説話文のスキルをのばすには，まず話の絵を描かせ，絵に矢印を引いて，だれ，どこ，なに，など，キーワードとなる言葉を書き入れ(ラベル付け)，その単語を文中に使うように指導します。また，その絵からそれぞれの詳細の説明を口頭で聞き出してください。詳しい説明ができない場合は，だれが，なにを，いつ，どこで，なぜ，どのようにという5W1H (who, what, when, where, why, how) の質問をして，詳細の説明を引き出し，文章の中に加えるように促します。音さえ合っていれば，子どもが考案したスペル (invented spelling) でかまいません。それよりも，順序や時を表す基本的な接続詞を使って，順序立てて書くことに焦点をあてましょう。

中級

英語中級者の説話文のスキルをのばすには，登場人物や設定について修辞法（形容詞など）を使って詳しく解説することに焦点をあてます。その際に動作，感情などの詳細を加えて書くように促します。また，会話文を加えることで，登場人物がいきいきとしてきます。時の流れが自然にわかるような接続詞を使うことを心がけ，話の展開に沿った結末を書くように指導します。

上級

英語上級者の説話文のスキルをのばすには，読者の注意を引く効果的なテクニックを使う練習をします（例：冒頭の書き出しを工夫するなど)。また，会話文，詳細な解説，修辞法などを使って，登場人物や設定が目に浮かぶような描写を心がけます。それには，出来事や状況を正確に表す語彙を厳選し，五感を使います。また，あらゆる接続詞やフレーズを使って整然かつ自然な流れをつくり，話の中の状況や展開を進展させます。そして，出来事に裏づけられた結末を書きます。読者がだれかを意識して書くようにすると，さらに説得力のある魅力的な話となるでしょう。

完璧なスペルを求めることより，量をたくさん書くことに重点を起き，スタミナを養うことが大切です。また，英語の絵本などを使って，英語での読書が楽しくなると，ライティングでの表現力や語彙力，正しいスペルを見分ける力がアップします。読書は語彙力も増やしますので，リーディングと並行してライティングを進めると効果的です。日本語でも英語でも効果がありますので，毎日読書をする習慣をつけるとよいと思います。日本語の語彙や表現力が豊かになると，英語の語彙や表現力ものびやすくなります。

（島津）

## 6　Opinion Writing（意見文）――ライティング形式その２

Opinion（オピニオン）とは意見という意味です。日本でも，医師の診断に疑問が残る場合，「別の医師のセカンドオピニオンを聞く」という使い方がなされます。ここでいう Opinion とは，自分の考えや感情を表現することを指します。Narrative Writing（説話文）は基本的に人を楽しませることが目的であったのに対し，Opinion Writing（〈広義の〉意見文）の主な目的は自分の考えや感情を相手に伝えて説得することです。そのためには，必ず論理的な根拠や理由がともなっていなければなりません。アメリカの学校で教えている広義の意見文の中には，大きく分けて次の３つの種類があります。

Opinion Writing（〈狭義の〉意見文）
Persuasive Writing（説得文）
Argumentative Writing（論説文）

| Opinion Writing<br>意見文 | Persuasive Writing<br>説得文 | Argumentative Writing<br>論説文 |
|---|---|---|
| 自分の意見を述べることが目的であるので，読者がどう思うかはあまり重要ではなく，自分主体の感情，意見，考えを述べる文章を書くことを指す。 | 自分の意見を述べ，読者にも自分と同じ意見をもってもらうため，説得力のある理由や根拠を添えて，読者に賛同してもらえる文章を書くことを指す。 | データを収集し，理論的な根拠に基づいて，論点のどちらが正しいかという議論を展開し，自分の立ち位置を明確にして論説する文章を書くことを指す。 |

では，私たちのまわりではどのような意見文が使われているのでしょうか。たとえば，「あれが好き」「何かがしたい」と自分主体の感情のみを述べているのであれば，それは自分の中だけの気持ちや意見（Opinion）に留まり，相手に何かを求めているわけではありません。それに対して，テレビのコマーシャルや雑誌で商品を宣伝しているのは，説得文（Persuasive Writing）が使われています。どのように訴えかけたら購入してもらえるかを考え，購買者を説得しているのです。また，だれかに何かを依頼するＥメールなどを出すときも，説得文が必要です。

また，論説文というと，新聞や雑誌の論説欄を思い浮かべる人も多いと思いますが，議論を闘わせる点からいえば，アメリカの大統領選挙などでは，立候補者のみならず，有権者までもが熱い議論を闘わせます。これらが文章化されたものはすべて論説文（Argumentative Writing）にあたります。

私たちのまわりには自分たちが思っている以上に意見文があふれています。学校や社会で人との意思疎通をはかるうえで，意見交換は日常茶飯事に行われています。そして，自分の意見や考えを相手に理解してもらったり，説得したりするには，感情にまかせてものをいうのではなく，きちんと理由や根拠を論理的に説明しなければなりません。言語や文化が異なる人たちとも円滑な意思疎通をはかるには，以心伝心でのコミュニケーションには無理があります。英語学習においても，だれにでもわかりやすい意見文を書くことが望まれます。

### (1) 意見や感情を表す表現

意見は必ずしも肯定的なものだけとはかぎりません。当然，否定的なものもあります。たとえ反対意見だったとしても尊重することが大切です。きちんと理由や根拠を示し，論理的に書けば感情的にならずにすみます。書き出し方はさまざまな表現があるので，自分の伝えたいことに適した表現を選べばよいのです。

| | |
|---|---|
| 肯定的<br>(Positive) | ● I prefer…(～のほうが好き)<br>● I think…(私は～と思います)<br>● I feel… (私は～と感じています)<br>● I like…(私は～が好きです)<br>● I believe…(私は～と信じています)<br>● In my opinion,…(私の意見では～肯定文)<br>● Everyone should…(みんなは～すべきです)<br>● The best thing about…(～の最もよいところは～です)<br>● The most ____ part about…(～の最も～の部分は～です)<br>● ___ is better than __ because…(～は～より優れています。なぜならば～だからです) |
| 否定的<br>(Negative) | ● I don't prefer…(～のほうが好きではありません)<br>● I don't think…(私は～とは思いません)<br>● I don't feel… (私は～とは感じていません)<br>● I don't like…(私は～が好きではありません)<br>● I don't believe…(私は～とは信じていません)<br>● In my opinion,… (私の意見では～否定文)<br>● Everyone shouldn't…(みんなは～すべきではありません)<br>● The worst thing about…(～の最も悪いところは～です)<br>● The least ____ part about…(～の最も～の部分は～です)<br>● ___ is worse than __ because…(～は～より劣っています。なぜならば～だからです) |

### (2) 意見文の構成

説話文（Narrative Writing）に効果的な書き方があったように，意見文（Opinion Writing）にも目的に応じた有効な書き方があります。

私がアメリカの小学校の生徒に意見文の書き方を教えるときは，OREO（オレオ）を提唱しています。OREOとは，モンデリーズ・インターナショナル社が製造しているアメリカや日本でも売られているクッキーで，黒い円形のチョコレートクッキー2枚の間に白く甘いクリームが挟まれています。意見文（Opinion Writing）の構造をオレオのクッキーサンドに見立てて，上から順番に書く内容を以下に解説していきます。OREOのそれぞれの文字をキーワードの頭文字に使うことで，その構造を記憶しやすくしています。

| **O** pinion（意見を述べる） |
|---|
| **R** eason（理由を挙げる） |
| **E** xplanation/Evidence/Example（説明／根拠／例を示す） |
| **O** pinion（もう一度意見を述べる） |

上記のOREO（オレオ）が示しているとおりの順序で書いていけば，意見文ができあがります。冒頭のO（=Opinion）でまず自分の意見や考えを述べます。次のR（=Reason）で，なぜそう思うのかの理由をあげます。そして次のE（=Explanation/Evidence/Example）で，その理由を裏づける具体的な説明，根拠，例などをあげます。最後のO（=Opinion）の部分では，もう一度まとめとして自分の意見を書きます。これが意見文を書くときの基本的な構造です。

### （3）日本文化との表現の違い

気をつけなければならないのは，チョコレートクッキーにあたる冒頭と結末の両方に同じ意見を重複して述べることです。しかし，日本人が意見を述べるとき，冒頭から自分の意見を前面に押し出すのにはかなりの抵抗があります。日本では自分の意見をいきなり冒頭から出してしまうと，自己主張が強すぎるように聞こえてしまう危険性があるためかもしれません。ですから，日本人が意見を言う場合，とても慎重に前置きを述べ，相手の様子を見ながら後半にかけてやっと本題に入ります。しかし，アメリカでは，まずは自分の意見を述べたうえで，なぜそう思うのかという理由を論理的に述べていきます。つまり，構造上の点からいえば，日本人は「これこれ，こういう事情があるから，こうしたほうがよいと思う」と理由を述べてから意見を最後に付け加えるのに対し，アメリカでは「私はこうしたほうがよいと思う。

なぜならば，こういう事情があるからだ」と意見を明確にしたうえで，理由を述べます。つまり意見と理由を述べる順序が日本とは逆なのです。これは些細なことのように見えて，実は重大な違いなのです。

アメリカ人は人と会話をしたり，書いたものを読むとき，以上の構造上の理由から自然と冒頭と結末には注意を払いながら，しっかり聞いたり読んだりしてくれます。なぜなら，そこに通常は重要な内容があるからです。とくに冒頭はとても大切です。しかし，日本人の会話や書いたものには冒頭に要点や主旨が含まれていることは少ないので，アメリカ人にしてみれば，待てど暮らせど要点が出てこないため，いったい何が言いたいのかよくわからない，と混乱してしまうというわけです。これでは通じるはずの英語も通じなくなってしまいます。

以下に誤解を生みやすくする日本文化と表現方法の違いを紹介します。

| 日本 | アメリカ |
|---|---|
| ● 自分の意見を全面に出すのは失礼である。（和を乱さない。）<br>● 前置きが長い。<br>● 婉曲的な表現を好む。<br>● 理由を言わなくても察してくれるだろうと思う。（以心伝心：内容を理解する責任は読者にある。） | ● 積極的に自分の意見を発言する。（自分の考えを表明することで輪に貢献する。）<br>● 冒頭に趣旨をはっきり言う。<br>● 直接的で明確な表現を好む。<br>● 理由をはっきり伝える。（内容を理解してもらう責任は書き手にある。） |

では日本人による典型的な日本語表現により，どのような支障があるのか，その影響例を見てみましょう。

| 日本人の表現 | | アメリカ人が受ける印象 |
|---|---|---|
| 自分の意見を全面に出すのを控える。 | → | 自分の考えをもっていないと誤解される。（輪に貢献しない。） |
| 前置きが長い。 | → | 話の主旨がよくわからず混乱する。 |
| 婉曲的な表現を好む。 | → | まわりくどくて趣旨がぼやけ，何を言っているかわからない。 |
| 理由を言わなくてもわかってくれる。 | → | 理由を明確にしないため説得力に欠け，日本人の考えを反映させにくい。 |

もはやこれは，英語が通じないのは英語のレベルの問題ではなく，文化・習慣が大きく影響することがわかると思います。英語で意見を書くときには，勇気を振り絞って，まずは自分の意見をドンと最初に押し出しましょう。そしてそのあとに必ず理由や根拠を述べることで誤解を防げます。

### (4) 意見文の書き方

説話文と同様，意見文も，論理的に文章を展開していくためには，書く前に計画を立てる必要があります。OREO を使って次の題目に対する意見文を書く練習をしてみましょう。

題目

アメリカの小学校で校長先生が主催する保護者会に出席したところ，休み時間は1回あたり15分で，1日に2回であることが議題にのぼり，アンケート用紙に意見を記入することになりました。あなたは保護者として休み時間の回数を増やしたほうがよいと思いますか。それとも減らしたほうがよいと思いますか。

### (5) 計画を立てる

これは単に意見を述べるだけの意見文か，誰かを説得するための説得文か，議論を闘わせるための論説文かを識別するために，だれがアンケートの読者であるのかをまず考えます。なお，読者は校長先生なので，校長を説得するのが目的となることもあれば，その後保護者会で議論として取り上げられ，論説文になることもあり得ます。

つぎに自分の意見と理由を明確にし，書くための計画を立てます。

お気づきのように，理由がたくさんあればあるほど，説得力は高まります。つぎに示す OREO（オレオ）を使った計画では，理由を2つ挙げており，それぞれの理由を裏づけるための説明や例が述べられているため，O-RE-RE-O の形になっています。

| **O** pinion（意見）：休み時間の回数を増やしたほうがよいと思う。 |
|---|
| **R** eason 1（理由 1）：休み時間に体を動かすことで脳に酸素がまわる。 |
| **E** xplanation 1（説明 1）：私の子どもは長時間教室に座っていると注意散漫になるので，一定間隔に休み時間を取り，体を動かし酸素を体に入れることによって，集中できるようになる。 |
| **R** eason 2（理由 2）：休み時間は友だちづくりの貴重な時間である。 |
| **E** xplanation 2（説明 2）：私の子どもは休み時間にいっしょに遊んだ友だちと放課後もいっしょに遊んだり，宿題をしたりするようになり，学校に行くのが楽しくなった。 |
| **O** pinion（意見）：休み時間の回数を増やし，長くあったほうがよい。 |

中級者から上級者は，複数の説明や理由を掲げ，それにともなう具体的な根拠や例をあげ，さらに説得力の増す文章をつくることを目標にします。また，冒頭と最後の結論では自分の意見を述べる重要な箇所ですが，読者の注意を引く書き方を工夫します。以下の例では冒頭で質問文から始めることにより，読者が先を読みたいと思うように仕向けます。アメリカではこのような書き方のテクニックを小学校のころから教えます。

全体を通した解答例

| | |
|---|---|
| Opinion（意見）〈Introduction（序論）〉 | 休憩を一度も取らないで生産的に働けたことがありますか？　休憩は子どもたちにも必要です。休み時間は現在一日に2回しかありませんが，私は休み時間の回数を増やすべきだと思います。 |
| Reason（理由） | その理由としては，休み時間に体を動かし，新鮮な空気を吸うことで脳に酸素がまわり，そのあとの授業に集中できるようになるからです。 |
| Explanation/Example（説明・例） | たとえば，私の子どもの場合，長時間教室に座って授業を受けていると，途中から注意散漫になり，勉強に集中できなくなります。適度な休憩を一定間隔でとることにより，メリハリができ，脳の働きもよくなります。 |
| Opinion（意見）〈Conclusion（結論）〉 | 子どもの集中力は1時間ももちません。一日2回の休み時間では脳に必要な休憩が取れないため，より学習に集中できるようになるためにも，もっと休み時間の回数を増やすことを希望します。 |

こうしてみると，英語のライティングの構造を利用した日本語文でも，とても理路整然として，明確な文章だと思いませんか。言語には互換性があります。日本語の文章が上手に書ける人は，英語の文章もうまく書けるように

なることが多く，英語の形式をマスターすれば，日本語の書き方も上達するという相乗効果があるのです。

### (6) 自分の考えをもつには

どんなに英語が上達したとしても，自分の意見をもっていなければ，よい意見文は書けません。日頃から物事に対して常に自分の意見をもつ習慣をつける必要があるのです。これは英語の問題ではなく，考える力です。ですから，日本語でもできるようにしておかなければなりません。

ではどのようにしたら，自分の意見をもつ習慣がつくのでしょうか。まずは，教師や親が何でも決めるのではなく，子どもに多くの選択肢を与え，子どもが選んだ際にはその理由を聞いてみることです。子どもが意見を述べやすい環境をつくり，子どもの意見を取り入れることで，子どもは意見が言いやすくなり，自信もつきます。さらに，日頃から「どう思う？」(意見)，「なぜ？」(理由) という問いかけを頻繁に使い，論理的に考える力を養ってあげることが大事です。

また，小学生でも子ども扱いをせず，環境問題や差別問題といった社会問題などを学校や家庭の会話の中に積極的に取り入れるとよいと思います。家族で議論することはとてもよい練習となるはずです。そして教師や親も自分たちの意見と理由を述べることにより，子どもたちの手本となるのです。

アメリカでは幼稚園のときから，自分の考えや感情を表す意見文を書く練習をたくさんします。小学校の高学年以上になると，議論に発展させ，説得文や論説文を書く練習をします。家庭でも時事問題を好んで家族で議論します。

以下は，アメリカの学校でよく取りあげられる議題です。みなさんはどう思いますか。自分の意見をもつ練習になるのではないかと思います。練習はすべて日本語で行ってかまいません。日本語で意見をもつことができれば，英語でも表現できるようになりますが，日本語で表現できないことは，たとえ英語が上達したとしても表現できません。意見文を上達させるには，毎日の深い会話と自分で考える力をつけることが鍵となります。　(島津)

| | |
|---|---|
| **小学生** | ● 休み時間を長くしたほうがよいか<br>● ランチにチョコレートミルクがあったほうがよいか<br>● 学校に規則は必要か<br>● 宿題をなくすべきか<br>● 学校にペットを連れてきてもよいか<br>● 制服を着るべきか<br>● 携帯電話を学校に持ってきてもよいか |
| **中学生** | ● 学校のランチにファストフードを販売してもよいか<br>● 宿題を減らすべきか<br>● 学力テストを実施するべきか<br>● 学力向上のために，夏休みを短くするべきか<br>● 体育の授業は男女共同にするべきか<br>● いじめの罰則をより厳しくするべきか<br>● 暴力的なゲームやメディアを規制するべきか<br>● 喫煙を違法にするべきか |
| **高校生** | ● 携帯電話は学習ツールになり得るか<br>● 高校生はツイッターのアカウントを持つべきか<br>● 州立大学の授業料は無料にするべきか<br>● マリファナの使用を医療にかぎり許すべきか<br>● 連邦政府が公民権を統一するべきか（例：同性愛者間の結婚など）<br>● 車の免許は21歳に上げるべきか<br>● 親になる免許をつくるべきか |

## 7　Informational Writing（説明文）——ライティング形式その3

Informational Writingとは事実にもとづいたインフォメーション（情報）を伝える記述のことを指し，Informative Writing（参考文）やExpository Writing（解説文）などもそれにあたりますが，ここではすべてをまとめて説明文と呼ぶことにします。説明文というと取扱説明書を思い浮かべるかもしれませんが，ここでいうInformational Writingとは，事実にもとづいて何かを説明したり，伝授したりするノンフィクションのライティングを指します。Narrative Writing（説話文）の主な目的は人を楽しませること，Opinion Writing（意見文）の目的は自分の考えや感情を相手に伝えて説得することに対し，Informational Writingの目的は読者に情報を解説したり，事実を説明したりすることです。それには読者に何かを教えたり，伝えたりすることも含まれます。

では，自分のまわりではどのような説明文が使われているのでしょうか。たとえば，「新聞のニュース欄」「図鑑・年鑑」「伝記・自叙伝」「理科や社会の教科書」「観察日記」「レポート・論文」がInformational Writingにあたります。

### (1) 文字と図による構成要素

Informational Writingが説話文や意見文と明らかに異なる点は，まずその構造です。大きく分けて，文字による構成要素（Text Features）と図による構成要素（Graphic Features）の2つの観点から説明します。

| 文字による構成要素（Text Features） | 図による構成要素（Graphic Features） |
| --- | --- |
| 文字による構成要素のことで，文字の大きさや形式を変えたり，説明を補足する文章を付け加えたりして，読者に詳細を理解してもらうための文字による構成要素のことを指す。 | 図による構成要素のことで，図だけでなく，写真，イラスト，グラフ，表など，文字以外のグラフィック（画像）を付け加えて，読者に詳細を理解してもらうための構成要素のことを指す。 |
| 例：<br>● 表紙（題名，著者名，フォトグラファーやイラストレーターの氏名）<br>● 目次<br>● 見出し<br>● 太字，斜体の文字<br>● 注釈（脚注・注）<br>● 標示<br>● 凡例（地図やグラフなどに使われている記号を解説する文章や言葉など）<br>● 用語・語彙集<br>● 索引 | 例：<br>● 写真<br>● 図，イラスト<br>● 表<br>● グラフ<br>● 地図<br>● 記号 |

上記の2つの構成要素を意識的に使うことにより，Informational Writing（説明文）の理解度が増します。とくに説明文の目的は読者に事実や情報を伝えることですから，読み手としては何かを学ぶために読むわけです。ということは，読者はそのトピックをよく知らないことが多いうえに，専門用語が頻出すると，さらに理解するのが難しくなります。それらをわかりやすく説明するためにも，注釈，用語・語彙集，図などを使用してわかりやすく説明していくことになります。

### (2) 説明文の構成

Narrative Writing（説話文）や Opinion Writing（意見文）にそれぞれの構成の仕方があったように，Informational Writing（説明文）にも段落構成の仕方があります。基本的な段落構成は以下のとおりです。

1　序論
2　本文：Topic Sentence（主要文）と Supporting Details（詳細）
3　結論

説明文においても書く前に構想を練るための計画と準備が必要です。構想の整理図（グラフィックオーガナイザー）を使うと頭の中を整理しやすくなります（次節参照）。

### (3) 説明文の書き方

学校で児童生徒たちがよく書く説明文といえば，理科の実験レポートや観察日記などです。ここでは，小学生が観察したチョウの一生についての説明文の例を説明します。

①計画を立てる

書き始める前にまずは計画を立てます。最初に整理図（ここではウェブと呼ばれる整理図）を使って，記載する事実や情報の整理整頓をします。

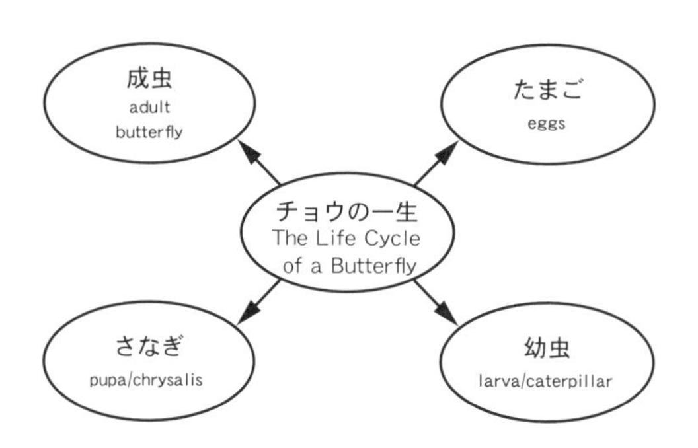

整理図に示したように，チョウの一生を4段階に分けて説明していくとします。各円の中に書いてあるのが各段階のトピックとなるため，それぞれのトピックに対して1段落ずつ書いていきます。日本語と同様，英語でも1つの段落には同じ内容のトピックをまとめて書き，別のトピックに移行するときは，別の段落にします。この小学生の例の場合，段落構成は，序論（1段落），本文（4段落＝チョウの4段階の解説），結論（1段落）と，合計6段落で書くことが基本となります。

### ②本文：Topic Sentence（主要文）と Supporting Details（詳細）を書く

英語で説明文を書く場合は，本文中のそれぞれの段落のトピックが何であるかを明確にするため，各段落の始めに主要文を書きます。この文章をTopic Sentence（トピック・センテンス）と呼びます。そしてそのあとに，主要文を支えるためのSupporting Details（詳細）を書きます。Opinion Writing（意見文）の項でも書いたとおり，日本人は冒頭にいきなり主要文をもってくるのが苦手ですから，ここは意識して書く必要があります。

チョウの例でいうと，本文の一段落目のトピックは卵なので，主要文は「チョウの一生の最初の段階は卵です。」というような文章で始め，そのあとに卵の色や形，様子などの詳細を書きます。この段落では卵のことだけに焦点をあて，それ以外のことは書かないように気をつけます。

### ③学術用語や専門用語を駆使する

本文には各段落のトピックに特化した学術用語や専門用語を多く使うことを心がけましょう。ここでいう学術用語とはチョウに関する理科用語や観察用語を指します。以下がその例です。

| 本文の一段落目で使用した学術用語の例 |
| --- |
| life cycle（生活環），monarch（オオカバマダラチョウ），egg（卵），oval（楕円形），size（millimiter）（大きさ，ミリメートル），color（色），magnifying glass（虫眼鏡），vertical ridge（縦隆線），surface（表面），lay eggs（卵を産む），milkweed（トウワタ），leaf（葉） |

学術用語を使うことで，より高度なライティングになります。英語の中級～上級者は，下記に示したような日常的によく使う簡単な語彙を学術用語へと変換することにより，さらに具体的で洗練されたライティングへと変身させることができます。

| 日常用語から学術用語への変換例 | | |
|---|---|---|
| see/find（見る・見つける） | → | observe（観察する），notice（気づく），identify（同定する） |
| say（言う） | → | explain（説明する），describe（記述する），mention（述べる） |
| guess（見当をつける） | → | make a hypothesis（仮説を立てる），predict（予測する） |
| check（確認する） | → | analyze（分析する），evaluate（評価する） |

④序論を書く

読者に興味をもって読んでもらうためには，ただ単に「これからチョウの一生を説明します」といった文章だけでは退屈です。ですから，読者の注意を引く文章を冒頭に使って序論を書く工夫が必要です。以下に，どのような一文を冒頭にもってきたらよいかの例をいくつか示します。

| 質問文で始める |
|---|
| オオカバマダラチョウの幼虫はミルクウィードという雑草しか食べないということを知っていましたか？ |
| **会話文から始める** |
| 「出して！　出して！」どうやら幼虫は卵から出てくる準備ができているようです。 |
| **擬音語・擬声語から始める** |
| むしゃ，むしゃ，むしゃ。オオカバマダラチョウの幼虫はとてもお腹がすいています。 |
| **興味深い動作や行動で始める** |
| 5，4，3，2，1，0！　美しいチョウがやっとさなぎの殻をやぶって出てきました。 |

序論の最初の一文で読者の注意を惹きつけたあとは，これから何の説明や解説をするのかの主旨を明記します。日本人は「題名にも書いてあるし，言わなくてもわかるだろう」とか，「序論では背景になる情報だけに触れ，重要な主旨の結論は最後にとっておく」などと，冒頭での明言を避ける傾向に

あります。しかし，英語の説明文では結論を最初にもってくる心がまえで，序論で「これから～について解説します」と伝える必要があります。長々とした前置きは読者を退屈させ，主旨が伝わらないことになります。

⑤結論を書く

本文を書き終わった後には結論の段落でまとめを書きます。ここでは，トピック（調査や観察したこと）の要点をまとめ，事実や観察データの分析から学んだ知識，そこからの自分の考察，推察，結論などについて学術用語を加えながら書いていきます。決して漠然とした結論にしないようにします。以下に例文を示します。

| よくある漠然とした終わり方 | 考察，推察，結論を含めた終わり方 |
|---|---|
| これがチョウの一生です。私はチョウがさらに好きになりました。もっとたくさんの世界中のチョウを見てみたいです。 | チョウは卵から幼虫，そして，さなぎを経て，成虫になります。その間，体の形や食べ物も変わる，とても興味深い昆虫です。今度公園に行ったら葉の裏をそっと見てみてください。チョウの卵が見つかるかもしれません。 |

「よくある漠然とした終わり方」欄に記載されている文章は「私」の意見であり，本題の主旨であるチョウの一生にはあまり関係のない内容です。結論では主題をまとめ，そこからの考察を書き，話がそれないように気をつけましょう。個人的見解を書いてもかまいませんが，意見文ではないので，事実やデータに基づいていない個人的な意見は避けます。具体的にいえば，説明文では，なるべく主語が「私」の文章は書かないほうがよいでしょう。

⑥全体を通した回答例

実際のライティングでは詳細な説明をたくさん書く必要があります。以下に，構成を示す簡素化した例をあげます。冒頭には序論を入れ，本文中の各段落の冒頭には必ず主要文（下線部）を入れ，最後に結論を記述します。

| 序論（Introduction） | みなさんはチョウが成虫になる前に数回脱皮することを知っていますか。チョウはたいへん興味深い昆虫です。これから，チョウの一生について紹介します。 |
|---|---|
| 主要文 1＋詳細説明 1<br>（Topic Sentence 1 ＋ Details 1） | まず最初の段階は卵です。卵は黄白色の楕円形の形をしていて，大きさは２ミリ前後です。幼虫が孵ったらすぐに葉を食べるため，卵は葉の裏に産み付けられます。 |
| 主要文 2＋詳細説明 2<br>（Topic Sentence 2 ＋ Details 2） | 第二の段階は幼虫です。幼虫は白，黄，黒の縞模様があり，たくさんの葉を食べ，大きくなるごとに脱皮をします。さなぎになる前に数回は皮を脱ぎます。 |
| 主要文 3＋詳細説明 3<br>（Topic Sentence 3 ＋ Details 3） | 第三の段階はさなぎです。さなぎになる前にはＪの形になって逆さまにぶら下がります。最後に脱皮をして，薄緑色のさなぎとなります。さなぎの状態は２週間ほど続き，何も食べません。 |
| 主要文 4＋詳細説明 4<br>（Topic Sentence 4 ＋ Details 4） | 最後の段階では，さなぎから成虫が出てきます。さなぎから出た直後はしばらくじっとして羽を乾かし，体の水分を落とします。そして飛べるようになったら，花の蜜を吸い，また卵を産みます。 |
| 結論（Conclusion） | チョウは卵から幼虫，そして，さなぎを経て，成虫になります。その間，体の形や食べる物も変わる，とても興味深い昆虫です。今度公園に行ったら葉の裏をそっと見てみてください。チョウの卵が見つかるかもしれません。 |

英語の説明文では，各段落の始めと終わりを読めば，作者が伝えたい趣旨がわかるようになっています。つまり，日本人がアメリカ人とコミュニケーションを円滑に行いたい場合は，話したり書いたりするときに，各段落の冒頭と終わりにしっかりと重要な部分を示さなければ，相手に伝わりにくいということになります。

意見文でも示したように，相手に伝わりにくい理由としては文化の違いもあります。日本では「起承転結」の書き方を教わります。設定を書き起こし（起），それを受けて展開させ（承），話の流れや視点を変えて読者の興味を引き（転），結論にもっていく（結）というのが基本的な型でしょう。しかし「起」は状況説明であって，そこに結論に相当するような主旨をもってくることはあまりありません。また「転」で異なる視点をもってくることは，アメリカ英語の書き方においては話が逸れることになり，混乱を招くため絶対にしてはいけないことの一つです。

以下に説明文において，誤解を生みやすくする典型的な日本語表現と，それによる意思疎通の弊害をアメリカ文化と比べてみます。

| 日本人の表現 | | アメリカ人が受ける印象 |
|---|---|---|
| 冒頭（序論）で結論を言わない。 | → | 主旨が何か理解できない。 |
| 婉曲的な表現を好む。 | → | 直接的で明確な表現を好むので，婉曲的な表現はまわりくどくて趣旨がぼやけ，何が言いたいのかがわからない。 |
| 起承転結の型で書く。 | → | 「転」で視点が変わっているので話が逸れていると受け取り，その趣旨が伝わらず混乱する。 |
| 各段落で主要文＋詳細説明で書くというスタイルを用いない。 | → | 次は主題と詳細がくるはずと思って読んでいるので，それが裏切られることにより，話が見えなくなり，混乱する。 |
| 調査したことに対して，結論に自分の意見や感想を入れてしまう。 | → | データや根拠が提示されていない私見を持ち込むと信ぴょう性が失われるため，説得力に欠ける。 |

英語中級～上級者は，事実やデータなどの比較を説明文に取り入れ，さらに詳しい説明文を書く練習をするとよいと思います。日本で数学の授業で使用されるベン図をアメリカでは読み書きにフル活用します。ベン図は書き始める前に考えを整理整頓するのに最適です（ベン図に関しては，次節参照）。英語では比較級（例：more than，less than など）を使う以外にも以下の言い回しがよく使用されます。類似なのか相違なのかを文面ではっきりさせることが大切です。

| 類似 | 相違 |
|---|---|
| By/In comparison…（類似点を比較すると）<br>The similarity between…and…is…（類似点は～）<br>… as well as…（～と同様に～）<br>Both A and B are…（A と B はともに～です） | By/In contrast…（相違点を比較すると）<br>The difference between…and…is…<br>（相違点は～）<br>On the contrary…（～に対して）<br>On the other hand…（ところが） |

説明文を上達させるためには，積極的にノンフィクションの読書も取り入れ，さまざまなジャンルを読む機会を増やすとよいと思います。その際には写真やイラストに注意を払って読み，理解を深め，用語集や索引などを使っ

て語彙力や知識を増やすことの楽しさを実感することが大切です。これらのスキルを日本語で獲得しておくと，英語でも役立ちます。

以下は，アメリカの学校で取り上げられそうな議題の例です。説明文の練習として日本語でも挑戦してみるとよいでしょう。（島津）

| | |
|---|---|
| 小学校<br>低学年 | ● ジャムサンドのつくり方を説明してください。<br>● 犬について知っていることや調べたことを書きましょう。 |
| 小学校<br>高学年 | ● 植物のそれぞれの部位（葉，茎，根，花など）がどのような働きをしているかを詳しく解説してください。<br>● 自分の学校（または町）について調べ，紹介してください。 |
| 中学生 | ● ネアンデルタール人とクロマニヨン人を比較し，両者の類似点と相違点を説明してください。<br>● 光合成はどのようなしくみで行われますか。光合成に関する資料を調べて読み，解説してください。 |
| 高校生 | ● 食生活の乱れの原因を調べ，それらの人体への影響を説明してください。<br>● ローカルのテレビ局が高校生向けのテレビ番組を作るため，アンケートをとり，グラフにしました。そのアンケートとグラフを分析し，高校生が興味をもちそうな番組の企画を立ててください。企画には，番組のタイトル，内容（音楽，スポーツ，娯楽など）を具体的に詳しく記述してください。 |

## 8　構想の整理図

説話文，意見文，説明文など，すべての形式において，書き始める前に構想を練ったり，自分の考えや知識などを整理したりして，下書きを書くことを奨励します。そのためには，グラフィックオーガナイザー（Graphic Organizer）と呼ばれる整理図が役立ちます。アメリカの小学校では計画（Planning）と下書き（Draft）を重要視します。このプロセスは，大人になってからのライティングでもたいへん役に立ち，自分の思考やライティングのスタイル，そしてその用途に応じて最適な整理図を選ぶことができるようになります。日本語で書く場合にも活用できます。整理図を使うことは，理路整然とした文章を書く練習になります。つぎの表に典型例をあげます。

ライティングは日本語も英語も練習すればするほど上達します。まちがいを恐れず，まずはたくさん書いてみることが大切です。（島津）

| グラフィックオーガナイザー（整理図） | 使用例 |
|---|---|
| 箇条書き（Outline）：<br>要点をリストアップするのに便利。 | 題名（Topic）：チョウの一生<br>・卵<br>・幼虫<br>・さなぎ<br>・成虫 |
| 年表／履歴（Timeline）：<br>時間の経過を整理するのに便利。 | 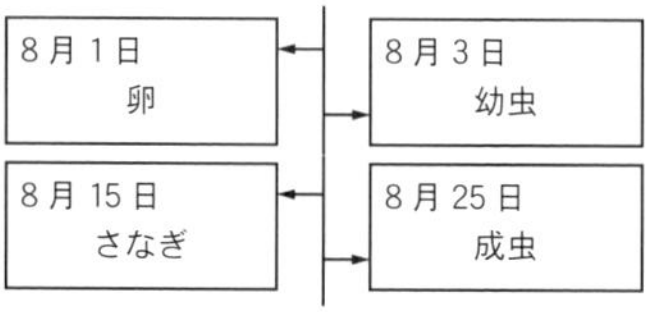 8月1日 卵<br>8月3日 幼虫<br>8月15日 さなぎ<br>8月25日 成虫 |
| 関連図（Web）：<br>それぞれの段階で派生する詳細を関連付けるのに便利（各円からさらに別の円を作り，関連する詳細を追加することができる）。 | チョウの一生 The Life Cycle of a Butterfly<br>成虫 adult butterfly<br>たまご eggs<br>さなぎ pupa/chrysalis<br>幼虫 larva/caterpillar |
| ベン図（Venn Diagram）：<br>類似点と相違点の両方を整理するのに便利。 | 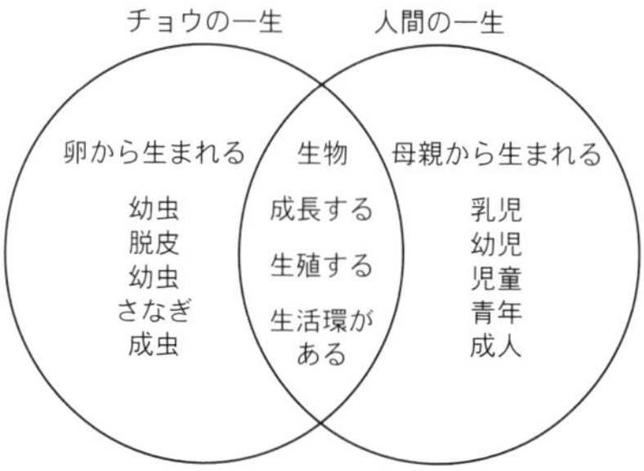 チョウの一生：卵から生まれる 幼虫 脱皮 幼虫 さなぎ 成虫<br>共通：生物 成長する 生殖する 生活環がある<br>人間の一生：母親から生まれる 乳児 幼児 児童 青年 成人 |
| T字の図（T-Chart）：<br>相違点を整理するのに便利。また2つの異なる事項を同時にリストアップするのにも便利。 | チョウの形態／特徴<br>卵：白くて透明，高さ2ミリ。<br>幼虫：脱皮をしながら2ミリ～50ミリの大きさになる。黄色と黒の縞がある。<br>さなぎ：緑色でツルツルしている。上に金色の輪と点がある。<br>成虫：橙色に黒の縞がある。羽の大きさは約50ミリ。 |

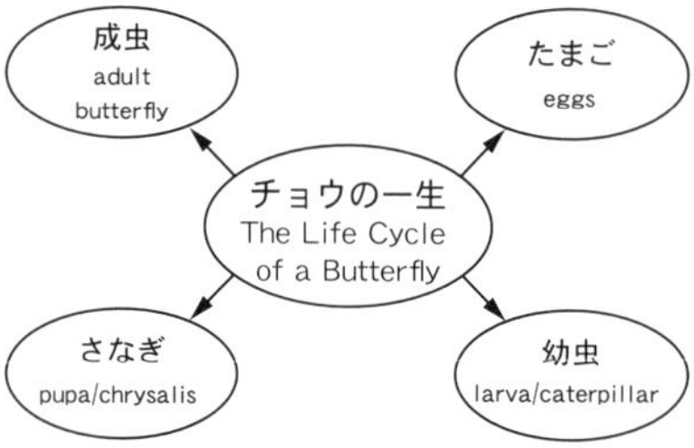

<table>
<tr>
<td>表（Table）：<br>さまざまな事柄を自在に分類したり，整理したりするのに便利。</td>
<td>
<table>
<tr><th>チョウの形態</th><th>特徴</th></tr>
<tr><td>卵</td><td>白くて透明，高さ2ミリ。</td></tr>
<tr><td>幼虫</td><td>脱皮をしながら2ミリ～50ミリの大きさになる。黄色と黒の縞がある。</td></tr>
<tr><td>さなぎ</td><td>緑色でツルツルしている。上に金色の輪と点がある。</td></tr>
<tr><td>成虫</td><td>橙色に黒の縞がある。羽の大きさは約50ミリ。</td></tr>
</table>
</td>
</tr>
<tr>
<td>その他：<br>自分で用途に合った整理図を作成する。<br>（使用例は意見文で使うOREOの整理図）</td>
<td>O：私はチョウが好きである。<br>R：生活環が神秘的で興味深いから。<br>E：黄色と黒の縞模様の幼虫が薄緑のさなぎとなり，橙色と黒の美しいチョウになる。<br>O：私はチョウが昆虫の中で一番好きだ。</td>
</tr>
</table>

# 6章

# 日本における英語学習・英語教育の展望

丑丸直子　島津由以子　尾見康博

## 1　日本人が学ぶ「英語」
## ——モノリンガルからバイリンガルになるには

### (1)「どうしたら英語ができるようになるんですか？」

これは日本人の英語学習者から頻繁に受ける質問です。具体的な方策などは他章に譲り，ここでは学習の概念と方法論を提案します。

日本の中学・高校で英語を学んだ人が「英語ができない」と感じるのは，1対1の英会話で，何か言うべきときに英語が口から出てこなかった，複数人の英会話で，会話のテンポが速くて発言どころか理解も追いつかなかった，などの苦々しい体験をしたときではないでしょうか。

これは，①日本語で考えたことを英語で表現する知的作業をした経験と蓄積が少なく，②通常の会話スピードで英会話に慣れる練習をしたことがないためと考えられます。どちらも，日本の学校における従来の英語カリキュラムには含まれていないので，残念ながら当然の帰結といえます。しかし逆にいうと，上記の①と②の練習をすれば，「英語ができた！」という成功体験が可能になるともいえるのです。

言いたいことを英語で表現するには，構文や文意を日本語から英語に変換し，状況などに合った適切な表現方法を選ばなければなりません。これはおそらく日本で一般的に考えられている以上に手間のかかる知的作業です。練習経験のない人がとっさにできないのは無理もありません。日頃から「この日本語は英語でどのように言うのだろう」と考えて頭の引き出しにためて，すぐに取り出せるようにしておくことで，初めて会話で英語が出てくるようになるのです。

さらに，会話は，リアルタイムで相手とすり合わせをしながら続けるものなので，緊張しすぎず，適度にリラックスした状態で耳，頭（思考），口がスムーズに連動するよう，日頃から「慣らし練習」が必要です。

英語の表現や文法は，すでに自分の中にある日本語の表現・文法・概念と対応させて理解すると，日本語・英語ともに記憶が定着してのびていきやすく，自分の言葉として使えるようになっていきます。また同時に，日本語と英語の類似点や相違点を考える機会にもなるため，両言語，そして抽象的な言語概念に関する思考や理解が深まります。これは，バイリンガルであることのメリットの一つです。

日本における従来の英語教育は，英語を読んで日本語で理解するための「教養」が中心で，自分の考えを英語で表現する訓練は，ほとんどといってよいほど行われてきませんでした。しかし，国内外で英語コミュニケーションの必要性が高まっている今，英語のスキルは，相手を理解し，情報や意志を伝え，共有し，関係を築くための「実技」として求められています。

### (2) 大前提として，日本語で物事を表現できるようになる

日本語ネイティブが日本語で表現できないものは，英語でも表現できません。日本で育った人のほとんどは，物事を日本語で思考・理解・整理・記憶しています。ただ，それをわかりやすく順序立てて人に伝えようとすると，毎日使っている日本語でも難しいと感じることがあるのではないでしょうか。「口下手」であることを寛容に受け入れ，「釈明」という名の説明を好まず，どちらかというと「議論」を尽くすより「場の空気」や「義理人情」で物事を決め，場合により「沈黙」をよしとする文化も手伝って，日本では大人になっても自分の知識や思考を整理し，状況に応じて適切に表現することに不慣れで，それを避ける傾向があるようにも感じられます。

まず日本語で，ちょっとしたあいさつ，お礼やお詫び，共感やねぎらいなど気遣いの言葉を意識して口にしてみたり，家族や友人と話すときいつもより少しだけ発言や説明を増やしてみたりすることが，英語で話すことへの心理的抵抗を和らげることにもつながるでしょう。

また，何かを決めるときも「みんながそうしているから」ではなく，自分はどうしたいか，何が好きか，どう感じ，どう理解しているか，何を大切に感じているか，どうしたらいいのか，それはなぜかを，折に触れ，自分の言葉で整理し，文章にまとめてみることが英語の表現力アップにも貢献するはずです。3章9-(4) の練習問題などで表現スキルを高め，表現できることの幅を広げて，適切な機会に表現してみることをおすすめします。

さらに，コミュニケーションは，自分の考えやメッセージを相手に届けておしまいではありません。相手はどうか，どう思っているかなどを意識して尋ねることで，相手と気持ちや情報を共有でき，それによって気づきや学びが得られ，相手をより理解でき，関係を深めることもできます。

### (3) 雑談が楽になるヒント

家族や友人知人はもちろんのこと，初対面の相手であっても，雑談は人間関係の潤滑油になり，有益な情報を交換できたり商機が生まれたりと思わぬメリットを生むことがあります。でも残念なことに，英語での雑談を苦痛に感じる日本人は少なくありません（とくに仕事で英語を使う場合）。

とりかかりとしては，あたり障りのない共通の話題，たとえば天気，季節，週末や休暇の過ごし方，ニュース，スポーツなどで，短いやりとりができるようになることを目標にするとよいと思います。よく話す相手とは，相手ごとに話せる話題，たとえば共通の趣味やスポーツ，相手の家族やペットなどについて，やんわりと投げかけ，反応を見ながら話題を絞っていくとよいでしょう。

外国人の場合も，必ず最初は上記の一般的な話題から入り，ある程度やりとりが進んだところで，相手の反応を見ながら相手の出身国や出身地，学校，仕事など，個人的な話題に移ります。日本語と同様，初対面で個人的なことを聞くのはプライバシーの問題もあり，敬遠されがちです。

よく話す相手なら，相手の国の文化，歴史，特産物，名所，食べ物などをウェブ検索などで調べておいて，さりげなく話題にできます。ただし，混同しやすい別の国があったり，国ごとにデリケートな問題があったりしますので，相手の感情を害さないよう細心の注意が必要です。

新しい単語を学んだら，ウェブ検索，オンライン辞書，電子辞書などで発音も調べましょう。検索サイトや大手動画サイトで「発音」または「〈英単語〉pronunciation」と入力すると，多くの単語について発音を聞いて確認することができます（3章9-(6) 参照）。

（丑丸）

## 2 英語学習のよくある誤解

**誤解1**「日本人も，英語ネイティブの赤ん坊や幼児と同じように学べ」？

これは「英語だけの環境に浸かって，そこから自力で英語を学び取れ」という趣旨のようですが，すでに日本語を楽に使える学習者が英語を学ぶ場合には，非効率極まりない学習法です。新出表現は自分の中の日本語と結びつけて理解・記憶し，文法も日本語で体系的に習得するのが効率的です。

ある程度の英語力がついた時点で英語環境に浸かってみるのは，英語力の力試しとしても，異文化体験・人生経験としても，得るものが多いでしょう。ただし，親から遠く離れた場所で一週間以上ホームステイなどをする場合は，ホームシックになったり，受け入れ先にうまく適応できなかったりすることもあるため，事前の配慮やケースバイケースの臨機応変な対応が必要です。

**誤解2**「（英和）辞典を使わずに英語を読むと読解力が高まる」？

これがあてはまるのは，読んでいる英文の文脈がだいたいわかる程度に新出単語が少なく，知らない単語の意味を文脈から推測できる場合です。ただし，推測が誤っていることもあるので，できれば辞書で確認することをおすすめします。とくに，知らない単語や表現が一つの段落に何か所もあるような場合は，文脈が追えないまま読み進んで理解が不完全になるか誤解を生じる可能性があります。紙媒体で読んでいる場合は，電子辞書やオンライン辞書などのすばやく引ける辞書を使って，頭の中で文脈をとぎれさせずに読むとよいでしょう。スマートフォンやタブレット，PC などのデバイスで読めば，すぐに単語の意味を調べられます。

一回の読書で新出表現が数個以上あると，それをすべて記憶し続けて読み進めるのは容易ではありません。読書中に調べた単語を忘れても，淡々と覚えなおしましょう。文脈や新出単語をメモしておくと，あとで読み返すことで記憶を強化できます。実は，このようなメモ取りや反復学習での記憶の強化が，すぐに思い出して使える語彙力につながるのです。

**誤解３**「英英辞典を使うと英語力が高まる」？

これは英語ネイティブにはあてはまりますが，日本語ネイティブにとっては知らない単語の説明を不慣れな英語で読まなければならないので，とても非効率的です。日本語ネイティブにとって，新しい英語表現は，英和辞典で自分の楽な言語（日本語）としっかり結びつけて覚えるほうが効果的です。余力があれば，用例を見て表現の使い方を身につけることができます。なお，上記の誤解２にも書きましたが，読書中は文脈を頭の中で維持しながら読み進める必要があるため，電子辞書やオンライン辞書などですばやく調べるとよいでしょう。

**誤解４**「英語を自分のものにするには“英語脳”にならなければならない」？

「英語脳」になることを掲げた教材広告を見かけることがあります。これを「英語で思考する」ことと解釈した場合，日本の英語学習者が，わざわざ英語で思考することは非常に効率の悪いことであり，その結果出てくる英語表現も，学習者の年齢レベルより著しく低いものになるおそれがあります。効率の点からいうと，日本に住む日本語ネイティブが「英語思考」に挑戦するのは，日本語としっかり対応づけた英語表現を頭の中の引き出しに十分ためて，すぐに使えるようになってからにすることをおすすめします。

ただし，日本語思考を介さず，すぐに口から出せるようになる英語は確かにあります。それは単純な定型表現で，たとえば Hi.（こんにちは），Thank you.（ありがとうございます），Oh, I'm sorry.（あっ，すみません），Here you go.（はい，どうぞ）や，How are you?—Good, thanks. And you?（お元気ですか？—おかげさまで。そちらは？），Hi, I'm Hiro. Nice to meet you.（はじめまして，ヒロです。どうぞよろしく）などです。何度も練習して（状況に合った表情やしぐさとともに）反射的に口から出てくるようにしておくと，実際のやりとりで緊張せずにすみます。ですが，これは「英語の反復練習」の成果であり，「英語思考」と呼ぶにはやや語弊があるかと思います。

**誤解5**「英語を学ぶと日本語を忘れる」？

日本で毎日日本語を浴び，日本語で教育を受け，年齢相応の日本語でコミュニケーションする健常者が，母語として確立した日本語を長期的に失うことは，まず考えられません。

ただし，英語しか使えない集中講座や合宿などに短期間参加すると，そのあと一時的に英語が口をついて出てくるようになる可能性はあります。なお，日本から英語圏に移住した子どもたちの言語スキル変化については，次節で述べています。

また私の身近な体験では，高校または大学からずっと英語圏で暮らしてきた人で，日本語の会話にはまったく不自然さがないものの，「社会人としての日本語文書を書くことに自信がない」という人は時折います。これは，以下の「言語学習は生涯学習」で説明することの一つの証左かもしれません。つまり，日本語は母語として確立しているものの，社会人として日本語を書く機会がなかったため，そのスキルが不足しているのです。

同様に，日本で生まれ育っても，就職するまで業務文書を書いたことがなかった人は多いのではないでしょうか。このように「日本語」とひとくくりにいっても分野ごとに固有の語彙や表現があります。「日本語ネイティブ」も，生涯さまざまな人生経験を通して日本語力をのばし続けていくのです。

日本語が母語として確立されてから英語を学び始めると，日本語と結びつけて英語を学ぶことができ，両言語の相違点や共通点も学べるため，両言語への理解が深まるという相乗効果もあります。　(丑丸)

## 3　日本から英語圏に移住した子どもたちの言語スキル変化

前述の誤解5に関連しますが，日本の子どもたちが英語圏に移住すると，言語スキルはどのように変化するでしょうか。これについては，0～12歳の間に日本からカナダに渡航した子どもたちを対象として，渡航後1～11年経過時（調査当時，トロント補習授業校の幼稚園児～中学2年生）における英語の会話力と読解力，ならびに日本語の読解力を測定し，渡航時の年齢別に比較した調査があります（中島，2016）。

調査の結果，第一に，英会話力（正確な英語で人と対話する力）は渡航後2～3年で年齢相当レベルに近づくことと，各人の性格によるところが大きいことがわかりました。

一方，会話力が3～4年目になっても低迷している子どもたちについては，日本人が多い住宅街に住んでいる，同じ現地校に通っているなどの共通点が見られました。これについては，日本人の子ども同士で日本語と英語を混用した「仲間言葉」を使い，正しい英語に接する時間が短いことから，正しい英語を身につけるのに時間がかかっているのではないかと考察されています。

第二に，英語の読解力は，渡航年齢（何歳で渡航したか）と，調査時の日本語の読解力の高さ，という2つの要因に左右される傾向が見られましたが，全般的には，渡航年齢よりも日本語の読解力のほうが英語の読解力と強く相関していることがわかりました。そして，英語で読み，考え，学ぶ力は，それに相当する日本語（母語）の能力が決め手になることが結論づけられています。

第三に，断定はできないとしながらも，学齢期前（5，6歳以前）に海外に出た子どもは，英語読解力の習得に比較的時間がかかる傾向が見られました。これについては，日本語の読み書きができるようになる前に海外で慣れない英語の読みを習得することが困難であるためではないか，という考察がなされています。

最後に，英語圏への渡航後の日本語保持については，小学1年生～中学2年生の子どもの場合，英語圏での滞在年数が5年を過ぎると標準を上回る生徒が徐々に減っていくものの，100点満点中40点台レベルで保持が可能らしいという結果が出ています。

なお，ここでも5～6歳以前，つまり小学校で日本語の読み書きを習得する前に海外に出ると，日本語の会話力・読解力ともに保持が非常に難しくなること，そして，渡航時に高学年であるほど日本語の保持が容易になり，10〜12歳の間に海外に出ると，渡航時の会話力・読解力を保ち，さらに向上させていくことができるようだと考察されています。

以上の調査結果および考察は，これまで個人的に観察した身近な事例とも一貫しています。ですが，今ではインターネット等のテクノロジーのおかげで，英語圏に住んでいても，ほぼリアルタイムで日本国内と同様に日本語でニュースや記事を読み，テレビ番組や動画などを視聴できるようになってきています。現地校では英語で教育を受け，英語を浴びながら過ごす一方，家庭での言語環境は保護者の方針次第ともいえる状況になってきました。

同様に，日本国内でも，テクノロジーを使って生きた英語に接することがますます容易になってきており，日本国内の多様化も徐々に進んでいます。もしかしたら，50年後には，日本にいながらバランスのとれた日英バイリンガルやマルチリンガルに育つ子どもたちが存在しているかもしれません。

（丑丸）

## 4　究極の「バイリンガル」とは

一言で「バイリンガル」といっても多様なレベルがあります。バイリンガルスキルを突き詰めていくと，どのようになるのでしょうか。翻訳通訳に25年あまりかかわってきた今は，次のようなありように落ち着いていくのではないかと考えています。ただし，これは「学校で学ぶ英語や日常会話の先に何があるのか」を見通すための大まかなロードマップのようなもので，ゴールも学びの道も人それぞれです。大きなストレスなく道中を楽しむことができれば何よりだと思います。

バイリンガルのゴール

2言語のどちらでも
適度にリラックスした状態で
さまざまな状況で，各状況に適した表現方法で

さまざまな話題について
話し言葉でも，書き言葉でも
情報を伝達し，自分を表現し，相手を理解することができ
気持ち・情報・目標などをうまく共有して，人とつながれること
(可能なら，人と折り合いをつけ，人を勇気づけ，説得し，協力し合い，リーダーシップをとれること)

これは日本語でもなかなか容易なことではありません。単に話せる，漢字が書けるというレベルではないのです。たとえば，中学生や高校生は，自分の毎日や好きなことについて話せても，時事問題について解説したり意見を述べたりするのは難しいかもしれません。大人であっても，就職，結婚，妊娠・出産・育児，ペット，住宅ローン，健康，高齢者介護など，人生体験によって話せる内容はまちまちでしょう。

また，人と共感したり，意見の違う人と妥協点を探ったり，人を説得したり，グループを統率したりとなると，「言語スキル」だけでなく「処世術」や「対人スキル」「リーダーシップスキル」などの能力が必要です。（丑丸）

## 5　言語学習は生涯学習

以上のように，「言葉」は，学校で学ぶだけでなく，さまざまな経験を積みながら，一人ひとりが新たな学びとともに身につけていくものです。ですから，言語学習は人生とともにある「生涯学習」であるともいえます。

学校で言語を学ぶのは，自動車の教習所に通うのに似ています。免許を取得した卒業後も，日々の運転や道路状況に慣れつつ，周囲の自動車や歩行者などとうまく折り合いをつけながら運転に習熟していくのと同様，言語習得も，学校での学習は初めの第一歩であり，そのあとも人生経験に応じて新たな語彙や表現を身につけていくものだと思います。

「英語は単なる道具である」という言葉を折に触れ見聞きします。英語がうまくなることよりも，英語を使って何をするかのほうが大切である，とい

う意味であれば，それは一理あると思います。ただ，言葉を選ぶことで，よりよい結果が得られることも確かにあります。その意味では日本語も英語も「大切な道具」です。ときとして「かけがえのない宝」にもなります。どの言語を使うにしても，自分が発する言葉の目的や意味合いを次のような視点から見直してみてはいかがでしょうか。

・自分は，相手に，どのような気持ちになってもらいたいのか
・自分は，相手に，どのように行動してもらいたいのか
・自分は，相手と，どのような関係を築きたいのか
・そのためには，どのような言葉を，どのように伝えたらいいのか

（丑丸）

## 6　英語学習に必要な思考力，精神力，および心構え

英語と日本語はまったく異種のものと思われることがよくありますが，ともに言語ですから，両者は密接につながっています。英語だけを特別視し，ことさらに難解な言語としてとらえるのではなく，英語は日本語と通じるところがたくさんあることを認識し，日本語で獲得した言語力を英語にもどんどん使うことができるのです。

また英語さえできれば，グローバル社会で成功するのではという誤解もありますが，「英語ができる＝国際人になれる」というわけではないのです。グローバル社会で多種多様な人種や文化をもっている人たちとコミュニケーションを円滑に取るには，英語力以上に，多岐にわたる考え方を受け入れることのできる許容性，柔軟性，順応性，好奇心などが必要です。それがたとえ自分の意見と食い違っていても相手を尊重し思いやる姿勢，そしてボランティア精神なども必要です。また，自分の考えに自信と誇りをもってしっかり相手に伝える勇気と根気も不可欠です。これらは大人になってからではなかなか身につけることが難しいスキルですので，家庭，学校，地域社会などが協力して，児童生徒のうちからこうしたスキルを培う環境を整えることが最大の課題であると私は考えています。英語はあくまでもコミュニケーショ

ンの道具の一つです。英語がどんなに堪能であっても，広い視野をもてなかったり，深い洞察をともなわなかったりする思考からしか発言できないのであれば，何の意味もありません。

ではどのようにしたら，これらのスキルをマスターすることができるのでしょうか。教科書だけの英語学習では，残念ながら身につけることができるかどうか疑問です。教科書は文法，語彙，読み書きに必要な文章の構築，英会話の例文などを学習するには適しているでしょうが，例文や単語の丸暗記を超えた学習は教科書の外側にあります。不測の事態にも対応できるような，実際に使える英語を学習するには，多種多様な人々と直接触れ合い，会話し，興味をもって自分からアクティブ（能動的および活動的）に学ぶことが効果的です。

日本でもアクティブ・ラーニング（active learning）という言葉を身近に聞くようになってきました。1章6でアクティブ・ラーニングの詳細について述べたとおり，この学習法では先生が生徒に知識を与えるだけではなく，先生は生徒が学習しやすい環境を提供する進行役（facilitator）となり，生徒自身が試行錯誤して自分たちで答えを見つけていきます。では，どのようなアクティブ・ラーニングを学校の英語学習に取り込んでいけるのでしょうか。以下に例をあげます。

### （1）地域に住む多民族・多言語の人々との交流

地域の自治体の中には国際交流を管轄する部署や，さまざまな国や民族の団体，またそれらを支援する団体などがあります。英語圏の国でなくても英語を介してコミュニケーションを取ることができる場合も多々あります。それらの団体や人々を学校に招待したり，反対に校外学習として団体を訪問したりしてお互いを知ることは，英語学習と同時に有意義な社会勉強となるまたとない機会です。もちろん先生が下調べをし，ある程度選択肢を絞って生徒を支援，誘導していくことが基本となりますが，交流の目的や方法は子どもたちで話し合い，模索させていくことで，能動的・活動的学習となります。たとえば，自分たちの町や日本紹介のポスターまたはパンフレットを英語で作成して説明することなどが考えられます。多民族，多言語に慣れる環境を増やすことにより，英語を含む外国語や外国人に対する恐怖心や緊張を和らげ，誤解や先入観などを取り除くことが可能になると思います。このような実際の体験により，真の英語学習の意義を子どもたちに伝えることができるのではないかと思います。

### (2) 教科書にとらわれないプロジェクトベース学習

プロジェクトベース学習というのは，アクティブ・ラーニングと同じ考え方で，プロジェクトの完成（結果）に向かって進めていく学習のことです。結果はもちろん大事ですが，この学習方式では結果にたどり着くまでの過程（プロセス）での学びがとても重要です。たとえば，国際的な団体との交流の場合，まずはプロジェクトのゴール（結果）を子どもたちと一緒に考えます。自分の町の紹介パンフレットを作成して団体，市役所，駅などにおいてもらうことをゴールにしてもよいですし，団体を学校に招待してプレゼンテーションをするなどでもかまいません。そしてプロジェクトの過程では，役立つ情報を提供するには町のどのような情報を紹介すればよいか，パンフレットやプレゼンテーションにはどのような内容や写真を入れるとわかりやすいかなど，プロジェクトを成功させるために子どもたち自身が考え話し合い，協力して進めます。従来のクラス発表とは異なり，発表相手は先生や保護者以外の社会人だったり，実在する団体だったりするので，プロフェッショナルな出来栄えが求められます。子どもであっても，発表のときには服装に気をつけ，社会人と同様に万端の準備で臨みます。

アメリカでは，発表相手として市長を教室に招いたり，大統領宛に手紙を送ったりすることも珍しくありません。私が実際にそのような授業を実施した先生たちから聞いた話では，オバマ前大統領に手紙を書いたクラスには，オバマ前大統領のオフィスからお礼と激励の返事がきちんと返信されてきました。子どもたちがどれだけ喜び，自信を高めたかは想像に難くありません。アメリカではこのような試みが取り立てて珍しいことではないので，アメリカの政府機関には，こうした手紙が学校や子どもたちから数多く届いていることと思います。このようにして，自治体や国が協力・支援して子どもたちを育てている姿勢を日本でも取り入れていけるとよいと思います。子どもたちが社会に出たときに必要なスキルと，地域社会に貢献することの重要性や喜びを教えることはとても大事であるとも思います。さらに英語を使ってこのような学習をすることにより，世界に向けた発信もできるのです。

プロジェクトベース学習で重要な点は，プロジェクトは架空の設定ではなく，実在する人々や社会に向けて，実際に発表・発信することがゴールになっていることです。前述の例のように，実在する地域団体や地域住民にパンフレットを配布したり，プレゼンテーションをしたりすることは，子どもたちのやる気と真剣な気持ちを高めます。そしてその過程で，どの団体が交流や支援を必要としているか，どのような文化背景をもつ人たちなのか，どのような形式のプレゼンテーションがわかりやすいかなどを考えることで，思いやりの気持ち，一市民として地域社会へ貢献する喜び，そしてボランティア精神を育みます。

また，実際に各分野の第一線で働いている社会人を教室に招き，講義を受けることも奨励されます。教科書の中だけの知識は子どもたちにとって，自分とは直接かかわりのない別世界のことであると思いがちです。実際に会う，触れる，話をする，という体験は教科書をはるかに超えるインパクトがあります。著名人である必要はまったくなく，地域の公共施設，団体・会社や保護者の中から選んでもよいのです。ゲストスピーカーが学校に来てくれることは，私が勤務する小学校でも児童がたいへん楽しみにしている学習の一つで，教科書で学んだ情報をより鮮明に，より深く理解することに効果を発揮しています。

現実的には，先生には絶対にこなさなければならないカリキュラムと時間割があり，かぎられた時間の中で上記のような学習を取り入れることは無理だと思われるかもしれません。日本の教育制度ではカリキュラムをこなすために教科書どおりに授業を進めなければならないという縛りがとても強いように思います。よい学校に入学するための早期教育は蔓延し，先生がカバーしなければならない単元がたくさんあります。しかし「カバー」は文字どおり，広く覆いかぶせるという意味で，必ずしも子どもたちが深く理解し応用できるスキルを身につけたとはかぎりません。指導要領に従ってカリキュラムを教えることは大切ですが，工夫次第で同じカリキュラムをプロジェクトベースで深く教えることはできると思います。

しかし，その工夫は定められた枠の中にとどまっていては実現できません。アメリカの小学校ではおおまかな時間割はもちろんありますが，担任の判断でその日の時間割を多少変更したり，調整したりできます。たとえば理科のプロジェクト学習を優先して，算数の時間をその日だけ少し短くしたり，リーディングの時間と入れ替えたりすることがあります。アメリカでもカリキュラムはありますが，学年末までにきちんと教えていることができれば，多少のスケジュール変更は担任の裁量に任されていることが多いです。日本でも，時間割の枠をある程度取り払うなどの柔軟性を学校に取り入れることにより，プロジェクトベースのような学習を導入しやすい環境がつくれるのではないかと思います。

また，アメリカではコティーチング（co-teaching：合同授業）といって，一つのクラスを常に一人の先生が教えるのではなく，複数の先生が一緒に協力して教えることも活発に行われています。たとえば，隣のクラスの先生と授業を合同で行ったり，必要に応じて異なるクラスの生徒たちを混ぜて教科別や能力別に教えたり，専門教科や特別支援教育の先生と合同授業をしたりします。定められたクラスを一人の教師が指導する，同じクラスの生徒たちが常に一緒に学ぶ，という枠を時に取り払って，「my students＝私の生徒」ではなく，「our students＝私たちの生徒」という意識を先生たちがもつように意識改革を進めています。コティーチングでは，成績もお互いに相談したり話し合ったりしながら合同でつけたり，指導計画や教材作成を分担したり共有したりして，教師にのしかかる重圧と責任を分散し，軽減することができます。また，教師同士の共同作業により，生徒に対してときに主観的，感情的に見てしまいがちな場面でも客観的な見方ができるようになります。

先生は万能ではありません。不得手な分野もあります。またアメリカではさまざまな身体・学習障害のある生徒たちも可能なかぎり普通のクラスで同じように教育を受ける権利があります。コティーチングでは，特別な指導が必要な子どもたちに与える副教材などを先生たちが協力・分担して作成すると効率も上がり，効果的です。そのうえ，お互いから新しい指導法も学べるという利点もあります。日本では一人の先生が受けもつ生徒数が多いため，あらゆる生徒のニーズに対応することが難しく，先生への負担が大きいと思います。コティーチングはそのような負担を軽減するとともに，生徒にもよい結果をもたらすことにつながるかもしれません。

最後に忘れてはならないのは，新しい学習法や変革を学校に導入するには，リーダーシップをとる校長および管理職の先生方の理解と柔軟性，教職員への研修，さらに保護者からも理解を得るための説明会などが不可欠だということです。昨今の日本の教師の労働環境などを考えても，これらをクリアするのは容易なことではないとは思いますが，試してみる価値は大いにあるのではないかと思います。（島津）

## 7　真に使える英語を学習するには

コミュニケーション力は言語能力を高めるだけではぐくめません。繰り返し記述してきたように，深い思考力や認知能力が鍵となります。また相手を思いやり，尊重する心や好奇心もなくてはなりません。自分は相手から何かを学びたいという意欲がなければ，有意義な会話は生まれません。それには受験やテストのための暗記や，型にはまったディスカッション，教師や保護者からの一方通行的な会話や指導は役に立ちません。子どもたちが自分の声を堂々と人前で出せる機会を日本語でも増やすこと，そして受け身ではなく自分から興味をもち，学びたいという意欲や姿勢，相手の意見を受け入れる大きな度量と柔軟性を育てることが大切です。

アメリカで出会った日本の子どもたちを見ていると，適応力，柔軟性，好奇心が低く，メンタルが弱い子どもたちが多いのに驚かされます。これらの子どもたちは打たれることに慣れていない，変化に柔軟に対応できない，いつも指示待ちで自分から行動ができない（自立性の欠如）などが大きな壁となっています。小学生であれば自分の意思ではなく，保護者の都合で米国に来ている場合がほとんどですので，やる気が出にくいのは理解できます。しかも日本で優等生だった子どもはとくに，英語ができないことで人生初の挫折感や敗北感を味わい，立ち直るのに時間がかかることがあります。しかし，自分から希望して夏休みの短期留学プログラムにやってきた高校生や大学生でさえ，たった2～3週間の語学プログラムであるにもかかわらず，ホストファミリーとの生活になじめず，ファミリーを完全無視する生徒，黒人家族と一緒に住むのはいやだと文句を言う生徒（完全に人種差別のレベルです），学校の授業がまったくわからないからと心を閉じてしまう生徒などが数多くいます。「英語ができないからコミュニケーションが取れない」ということを十分考慮に入れたうえでも，自分から問題解決に積極的にいどむ子どもはほんの一握りで，大半は「もう無理」とあきらめたり，自分にできることはないのかを顧みず一方的に「相手が悪い」と決めつけたり，自分が直接手を下さず，ほかの誰か（自分の親や先生）に解決してもらったりする場合がほとんどです。

これらの原因は，日本で多様な価値観を教えられたことも経験したこともなく，また少数派や反対意見の人々の価値観を熟考して議論してみたこともなく，みんな横並びの教育を受け，テストの点数さえよければ受け身でいてもある程度よい成績が取れ，それなりの高評価を受けていたからではないかと危惧します。なかには自分の価値観が正しいと信じて疑わず，海外で恥をかいているにもかかわらず，失笑されていることにすら気がついていない人も見かけます。そして最後まで周囲となじめないまま，それを改善しようとする気力や気配もなく，とにかく早く日本に帰りたいという人もいます。せっかく海外に出る機会を得たのに，自分から貴重な体験を手放している人を見るとなんともったいないことかと思うこともしばしばです。

これからの時代は，学校現場でももっとさまざまな人々とかかわる機会を子どもたちに与えてあげることが鍵となります。外国人との交流を増やすことを前節で例にあげましたが，それだけが解決策ではありません。プロジェクトベース学習の解説で述べたように，アメリカの学校現場では，異民族の人との交流はもちろんですが，さまざまな職種の人々が国語，算数・数学，理科，社会などの授業に来て子どもたちとディスカッションをしてくれることを奨励し，地域，学校，保護者が連携して子どもたちを育てるオープンな教育現場をつくろうと努力しています。

アメリカでは，親が自分の子どものクラスで仕事や体験談などの話をするボランティア活動がたいへん歓迎され，とくに小学校では頻繁に行われていますが，日本ではまだ閉鎖的だと感じた経験があります。私には３人の子どもがおり，日本で体験入学として夏のあいだだけお世話になった複数の学校に，「日本の子どもたちに，アメリカ文化の話や英語の話をする機会があれば私がボランティアできます」と申し出てみたのですが，一度もお話する機会を得ることはありませんでした。アメリカの学校では，「日本の文化紹介をしましょうか」と先生に言うと大喜びですぐに「いつ来られる？」と聞かれていたので，たいへん驚くとともにショックを受けました。断りの理由は今でもわかりません。前例がないから，先生が対応する時間がないから，カリキュラムに関係ないから，など憶測をめぐらせることはできますが，教科書にない学習の機会が子どもたちに与えられなかったことは残念です。

また，閉鎖的な観点から付け加えると，日本では協調性を重んじる文化があるために，異質なものへの警戒心や恐怖心がたいへん強いように感じます。私が日本の学校でボランティアができなかったこともこれに無関係とはいえない気がします。この異質なものを排除しようとする性質（出る杭は打たれる）がいじめや引きこもりにつながることもあるのではないでしょうか。さらに忍耐が美徳とされている日本文化では，いじめられても文句をいわず，がまんすることが強いことだという誤った認識もあり，いじめがさらに助長されているのではないかと危惧します。これらは海外の人から見ると，異様に映ることもしばしばです。日本で評価されていても，国際社会では評価されないことはたくさんあります。いやなことはいやだと自分の意見を堂々といえることは大切です。

また，日本人は正しいことが何かは頭ではとてもよくわかっており，子どもでも模範解答はできても，実際の行動に結びついていないことが多々あります。いじめが悪いとわかっているのに学校でも大人の社会でも蔓延しているのは，その一例だと思うのです。これは人権という考え方の欠如からくるものかもしれません。法務省（2019）のホームページによると，人権とは，「すべての人々が生命と自由を確保し，それぞれの幸福を追求する権利」と書かれており，「日常の思いやりの心によって守られるもの」とされています。そして，日本国内の主な人権課題として，「女性」「子ども」「高齢者」「障害のある人」「外国人」「インターネットによる人権侵害」「性的思考」「性同一性障害者」など，長いリストが掲載されています。つまり，日本ではこれらの事項で多くの人々がまだまだ差別されたり，不当な扱いをされたりしているということになります。アメリカでもたくさんの人々が人権侵害に苦しんでいますが，人権問題に関しては日本よりもさらに敏感で厳密です。アメリカに住んでいる日本人が失言してしまうことは多く，ときには人格を疑われたりすることもあります。たとえば，仕事の面接で雇用者側にいるときに志願者の年齢を聞くことや，保護者が学校の先生に「日本人がいるクラスには私の子どもを入れないでください」などという発言はアメリカでは年齢や人種差別だとみなされてしまう可能性があります。

アメリカには道徳の時間はありませんが，リーディングの時間に人権問題が主題となっているさまざまな本を読んだり，ライティングの時間に論説文を書いたり，社会の時間に人種差別の歴史を学び議論したりします。そこでは知識を得るだけでなく，自分たちに何ができるかを話し合い，それがプロジェクトベースの学習に発展することも少なくありません。

道徳の時間などで，人の道について子どもたちに説くことは重要ですが，それとともに子どもたちが実践する機会を与えることも必要だと思います。その実践例として，アメリカでは社会的活動やボランティア活動をとても重視します。多くの中学校や高校では一定の時間数のボランティア活動をしなければ卒業できない制度が導入されています。さらに米国の大学入試はテストの点数だけで合否が決まるのではなく，学校外の活動を含め，どのようなボランティアや社会貢献をしたのかも重要な審査の一つとなっており，自分の人間性をアピールするエッセイや，教師ならびに学校外の人（ボランティア先やバイト先の雇い主など）からの推薦状も大学入試審査の中で大きな比重を占めます。これらの経験を通して，学生時代から世の中のさまざまな人々に出会い，成長していくのです。

諸外国では宗教と奉仕が密接に結びついたうえで，家庭や地域社会で教授されていくことも多々見受けられます。日本でもボランティアをする子どもたちが最近は増えてきたとは聞きますが，スポーツを始めとするクラブ活動や習い事，塾などで忙しい子どもたちも多く，定期的にボランティアを継続する機会は少ないかもしれません。そのため，見聞を広めたり，報酬や自分の利益にならなくても，自分の行動が何かの役に立つ喜びを幼いときから感じたりする機会は少ないように思います。学校が率先してボランティアを奨励し，学習に取り入れていくことができれば，学校外では時間がない生徒たちもボランティア活動に参加できるようになります。ボランティアは，相手の意見や考えを尊重し，自分とは異質の価値観でも受け入れることのできる度量や柔軟性，相手を労わる気持ちを幼いときから育む助けになると思います。

私自身もボランティア精神がすぐにもてたわけではありません。アメリカに長年住んでいると，自分も含めて日本人は心が狭いと感じることがあります。アメリカでは地域・連邦の団体をはじめ，子どもが通う公立学校やスポーツのクラブ活動にいたるまで，かなりの頻度で募金や金品の寄付の依頼，ボランティアなどの募集がありますが，多くの日本人がはじめのうちは抵抗を感じるようです。私が渡米したばかりの頃は貧乏学生でもあったので，正直その多さに面食らい，寄付の依頼があっても，そんな余裕はないと断り続けていました。知らない人から声をかけられたりしたときにはいやな顔すらしていたと思います。実際，アメリカで生活している日本人の中には「ボランティア」を「義務」だと思ってストレスを抱えている人も少なくありません。

しかし，自分の生活に困っていないかぎり，私のまわりのあらゆる人種・民族の人々は喜んでお金や時間を提供しています。最初は，みんな経済的に余裕があるのだなあ，と思っていたのですが，多くの人は金銭的な余裕がなくても自分ができる範囲で貢献したいと思って努力しており，「心に余裕がある」のだと気づかされました。日本でも災害などがあると，たくさんの寄付や好意が集まっています。しかし，特別なことが何も起きていなくても，日々の生活の中でボランティアや寄付は生活の一部になっているでしょうか。私のまわりでは，夫婦共働きでも週末や夜に時間をつくって自分たちができるボランティアをしたり，公共ラジオ番組のファンドレージング（ラジオ番組運営資金のための募金活動）にもせっせと毎年お金を振り込んだりしている人々がたくさんいます。「無料のものにもわざわざお金を払う」ということを抵抗なくすんなり受け入れる日本人は少ないように思います。アメリカでは毎日ラジオから受けている恩恵に感謝し還元したいと思っている人が多いからこそ，短期間で多額の寄付金があっという間に集まってくるということに感心し，私も自分ができることは見習うようになりました。

英語を学習するうえで，多種多様な人々や文化を受け入れることができるようになることはたいへん重要です。ボランティアはそのようなさまざまな人々との出会いの機会を提供してくれます。そしてボランティア活動を通して，頭の中に知識として存在していたものが，実践という形で自分とつながり，意味のあるものとなります。そして人をいたわることを学び，忍耐力，許容力，包容力などが広がり，人を幸せにするだけでなく，自分をも豊かにしてくれます。学校はボランティア活動を奨励するだけでなく，同時に受け入れることも歓迎していくべきだと思います。

勉強の目的はよい大学に入り，安定した就職先を見つけることではありません。究極的には，将来大人になったときに，多様な人々に出会い，協力して働き，よりよい社会を自分たちの手でつくっていくことです。アクティブ・ラーニングなどの学習活動やボランティア活動はそれらに必要なスキルを身につける手助けとなります。保護者や地域社会も学校と連携して子どもたちに教えていく努力をしなければならないと思います。

英語を勉強するのであれば，受験の主要科目としてみるのではなく，自分の見聞を広め，自分の意思をきちんともち，グローバルな社会で役立てることを目標にすることがとても大切だと思います。その学習過程の中で自分のアイデンティティを見つけ，日本文化に誇りをもちながらも，多種多様な文化を尊重し，お互いに学び合えるコミュニケーションツールとしての英語の習得を学習者の方々がめざすことを切に願っています。（島津）

## 8　国語の授業が果たす役割

海外旅行などの際に学校で習った英語が役に立たなかったという多くの日本人の経験は，日本の英語教育の課題がリスニングとスピーキングであるという考えに通じています。英語のリスニングやスピーキングをどのように教育するかについて，本書では繰り返し，日本語能力を高める必要性が指摘されています。たとえばリスニングに関しては，「類義語などの語彙力を駆使して多種多様な文章に構築しなおす高度なスキルが求められるため，母国語である日本語でこのスキルをまずマスターすることが大切なのです」(2章4) と書かれています。また，スピーキングに関しては「日本語で完全な文を話す機会が少なくなればなるほど，英語できちんとした文で話せなくなる，といっても過言ではありません……完全な文できれいな日本語を話すことは，英語できれいな文を話すことに直結します。」(3章2) と書かれています。

さて，みなさんはこれらの指摘をどのように受けとめられたでしょうか。前章までの説明でリスニングやスピーキングの理解が変わったでしょうか。

英語を聞き取ったり英語で話したりする能力を向上させるために日本語能力を向上させる必要があるといわれても，直感的には受け入れがたいかもしれません。それは，私たちがふだん，リスニングとスピーキングを表面的にとらえていることの裏返しではないかと思います。

たとえば，多くの日本人にとって日本語のリスニングの必要性は感じられないかもしれません。日本語は聞き取れるのだから学ぶ必要がないと。しかし，リスニング能力というのは，聞き取るだけでなく，聞き取ったことを理解することが重要です。そして，理解したことにもとづいて行動を起こしたり，あるいは聞き返したり自分の考えや思いを伝えたりするというスピーキングのための準備ができる必要があるということになります。

考えてみれば，他人から聞いた話の内容をいつでもどこでも誰でも理解することができるなら誤解など生じないはずですし，たとえば，家庭でのしつけや学校での教育はもっと楽なはずです。そして，スピーキングという側面で考えても，自分の意見を的確に伝えるのはそう簡単なことではないとわかるはずです。

英語能力向上のために，日本語能力の向上が必要なのは，リスニングとスピーキングの面だけでなく，リーディングとライティングについても同様です。「この読み方のスキルは英語力というより，日本語力であるといえるので，まずは日本語でできるかどうかを確認する必要があります」(4章4)，「日本語で出力できないのであれば，英語がどんなに上達したとしても，よい文章を書くことは難しいからです」(5章3) と書かれているとおりです。英語を公用語としている国や地域[24]で幼少期から生活するなら別ですが，英語が日常に使われていない環境で英語を学習する場合には，母語となる日本語の能力が英語学習の基盤となり助けになるということです[25]。

リーディングについては，たとえば，たんに教科書に記載されている文章を読めばよいわけではない，というのは日本の国語の授業でも共有されているでしょうし，何かを大きく変える必要はないかもしれません。とはいえ，小学校低学年から，段落ごとに書かれていることを要約したりしながら読解のスキルを身につける作業に時間をかけてていねいに取り組んでいるアメリカの国語の授業（4章参照）を見た立場からすると，文章読解にかけている時間的な差はかなり大きいように思います。

ライティングについては，日本の国語の授業の独自性があるために，英語の能力向上に関連する側面にあまり時間をかけていないように思えます（1

---

24　アメリカでは英語を公用語としているわけではありませんが，教育や行政では英語を第一言語としているので，ここでは事実上の公用語と見なします。

25　子どもをバイリンガルとして育てたいという思いをもつ保護者も多いと思いますが，バイリンガル教育を幼少期に強要されたことで言語発達遅滞になってしまうこともある（森島，2015）ので，注意が必要です。

章参照）。たとえば５章で「スペルを軽視しているのではなく，英語のライティングを上達させるには，「正しいスペル」の呪縛を解き放ち，まちがえてはいけないという恐怖感を軽減する必要があるということです」という指摘がありましたが，これはよく考えるとかなり大胆な提案です。なぜなら，国語の授業は「正しいスペル」そして一字一字の「正しい書き取り」がかなり重視され，それが他教科にまで広まっているからです。たとえば「はなじ」は不正解で「はなぢ」が正解であるとか，カタカナの「シ」と「ツ」の書き方を明確に区分するとかです。後者については，たとえば字の形としては明らかに「シ」に近く，かつ文脈としても「シ」であろうという場合であっても（「ツュート」はありえず「シュート」であろうと思えても），最後の一画の筆の運びが違う（ように見える）場合にはまちがいとされたりします。スペリングや書字に関するこの厳格さが，他教科でも求められることが多く，英語のアルファベット表記にまで適用されているという現実があります（1章参照）。繰り返しになりますが，英語を公用語としている国ではスペリングや書き取りの厳格さは求められておらず，むしろ多様なスペリングや書き取りを読み取ることのほうが大切ですらあります。

また，日本では国語の授業にかぎらず，たいてい小学校の時から授業中にノートを取ることが習慣化されます。ノートを取ること自体は，復習などのためにも意味のあることだと思いますが，ときに板書したことをそのまま書き写すことが求められたりします。その量が多かったりすると，子どもによっては何も考えずにただひたすら書き写し続けるということにもなります。これはやや極端な例ですが，書いてはいても本来のライティング技能とはほぼ無関連なのです。

自分で考えて書く機会はもちろんあります。ただし，考えるというのが，唯一の正解を求めるためになされることが多いので，考え方にも書く内容にも正解があったりします。日本では，考えて文章を書くという「ライティング」に適合しているものの一つに読書感想文があります。読書感想文の場合，1章にあったように，他人を説得するという側面はありませんが，それでもある程度時間をかければ，個々の子どもたちの思考力を用いて書く能力を高めることができるようにも思います。なぜそのような感想をもつにいたったかをていねいに問うたり，ありふれた語彙だけを使わずに比喩表現を使ったりすることでオリジナリティのある表現にするなど，推敲を重ねながら個々の子どもの能力や個性に応じて段階をふんで指導することなどが考えられます。

（尾見）

## 9　英語と国語の連携のあり方

小学校学習指導要領（文部科学省，2017）では，英語（外国語）学習の目的に「日本語も含めた言語の普遍性について体験的に気づくことが重要」「日本語とは異なる英語の音声や基本的な表現に慣れ親しむことは，ことばの大切さや豊かさに気づいたり……国語科の学習にも相乗的に資するように教育内容を組み立てることが求められる」とあるように，国語と英語の連携を想定してはいます。とはいえ，「国語科において，易しい文語調の短歌や俳句を音読することと，外国語活動においてチャンツ[26]等を言うことの両方の学習を体験することを通して，そのリズムの違いに気付かせるなどの工夫が考えられる」「指導に当たっては，外国語科における指導との関連を図り，相互に指導の効果を高めることが考えられる」（中学校国語）という例示に見られるように，それぞれの教科の独自性を尊重したうえで，それぞれの言語を相対化して言語の理解を深めることをねらっているように読めます。つまり，英語と日本語（国語）との関連については考えさせるとしているものの，英語教育と国語教育のそれぞれの歴史的背景，そして言語そのものの特徴が学習に影響を与えることまでは想定されていないようですし，文言としてもふみ込んでいないといえます。

実際には，たとえば英語のスピーキングやライティングでは，肯定か否定か（yes or no?）を明確に示すことが求められますし，その理由を説明する

26　単語や文を一定のリズムで発声したり歌ったりすることで身につける学習法で，英語学習でしばしば用いられます。

ことも求められます。本書では，英語能力の向上に日本語能力の向上が不可避であることが何度も述べられてきましたが，そうであるなら国語の授業で肯定か否定かを明確に求めたり，自分の意見の理由を論理的に説明することを求めたりする機会を増やせば，学習効果が上がりそうです。逆に，国語ではあまりそのような機会を設けなかったとすれば，学習者は，英語の環境と日本語の環境とで自分の意見の伝え方を変えなければならないことになり，大きな負担を強いられることになります。（尾見）

## 10　多様な個性の尊重

### (1) 個性を尊重するとは？

英語の４技能の向上には，国語（日本語）の４技能の向上が必要であり，そのためには国語の授業を見直す必要，さらには国語以外の授業や学校文化そのものも見直す必要があることを述べてきました。そして，そのなかでたびたび示された側面は子どもの能力や個性に応じるということです。これは，多様な個性を尊重することと言い換えることもできます。

さて，「多様な個性」とわざわざ「多様な」を付さなくても，そもそも個性というのは多様なものです。ですが，あえて「多様な」を付したのは，日本でもすでに個性は尊重されていると指摘されかねないからです。「一人ひとりの子どもに寄り添って考える」といったことを耳にすることがあると思いますが，とりわけ，学校にうまく適応できない子どもへの接し方を考えるときに，日本においても子どもの個性が尊重されていると思います。しかし，学校に適応できている多くの子どもたちにも当然個性はありますし，実に多様です。その多様性に応じた教育はなかなかできていないのではないか，というのが私の考えです。

ここで大事なことは，多様性に応じた教育ができていない背景にあるのは，制度や慣習であって，教師の問題ではないということです。たとえば，ある教師が唯一の正解を求めさせたくないと思ったとしても，入試のことを考えると正解を求める課題を無視することは困難です。また，教師が子どもたち一人ひとりの個性に応じて読書感想文を書かせようと思っても，国語の授業には言語以外に取り扱うべき側面が多いので，そのための時間と労力を確保することはやはり困難です。

ですので，ここで述べられていることは日本の教師の労働環境の現状に鑑みれば非現実的との誹りは免れません。そのうえであえていうなら，多様な個性を尊重するためには，学校教育だけの問題にとどまらないという意味で，教師の労働環境の改善だけではなく，私たちの価値観や常識の大きな変革を必要とします。

### (2)「加点主義」と「主体性」

多様な個性を尊重するための具体的な方法として，ここでは，「加点主義」と「主体性」の見地から，日本語力向上に資する教育，ひいては日本におけるあるべき英語教育の一つの可能性について述べてみたいと思います。

まず，「減点主義」ではなく「加点主義」を採用するということは，短所に目を向けるよりも長所に目を向けてその側面をのばすということになります。日本の学校の現状で減点主義が優位であるのには当然理由があります。まず，スペリングや書き取りを重視する慣習があげられます。そして，大学や高校の入試に代表されるように，各教科まんべんなく点数がとれることが求められがちだということもあります。さらには，役所や企業も含めた日本社会全体としても，いろいろな業務をそつなくこなせる能力が重用されてきたといえます。国家公務員のキャリア官僚や銀行をはじめとするエリート会社員がいくつもの部署を経験しながら出世する，ということはよく知られています。スペシャリストよりもジェネラリストが求められてきたと言い換えることもできます。

そして，減点主義は，学校や職場だけでなく家庭や保育所などでの子どもとの接し方，子育ての仕方も連動しているといえるでしょう。謙譲の美徳といえば聞こえはいいものの，「うちの子なんて全然だめで」といったことを当の子どもがいる前ですらいうことがあります[27]。つまり，私たちの生活のあちこちに減点主義が蔓延しているので，学校だけで加点主義を進めてもなかなか機能しないと考えられるのです。子どもたちは学校だけで生活しているわけではありません。減点主義の入試がされたり，将来，減点主義の職場環境があることがわかっていたりすれば，子どもたちもそれに気づかないはずがないからです。

つぎに「主体性」について考えてみましょう。「主体性」は，「学力の三要素」[28]の三つ目として注目されている観点ですが，加点主義への変換が困難であることと同様，日本の学校内外で主体性を尊重することは容易なことではありません。

その困難さを述べる前に，学校外での言語の教育について少し触れておきます。文章の論理性を学ぶ時間が相対的に少ないのは，学校の国語の授業だけでなく，家庭での子育てにおいても，言語で論理的に説明しないという特徴があるからと指摘されています。たとえば，アメリカと比べ日本の母親は子どもの感情に訴えがちであり（東ほか，1981），言語的接触よりも非言語的接触が多い（Lebra, 1974）といわれてきました。また，イギリスとの比較では，日本の幼稚園での教育は情操教育が中心で協調性の発達を重視しており，言語の発達に力を入れ，自発性や能動性を重視しているイギリスの幼児学校と対比的であるといわれています（佐藤，2001）。

たしかに，論理性以外の発声や発話，そして非言語的なメッセージも重要なコミュニケーションの手段ではあります。その意味で，かならずしも日本の学校や家庭における教育やしつけが「ことば」を使っていないとか軽視しているとはいい切れないとは思います。

ただし，論理的にことばを紡いで他者に伝えるという点でいえば，日本では言語の教育にかけている時間が学校外でも少ないといわざるを得ないと思

---

27　とはいえ，ただの減点主義ではなく，他人の子どもをほめることによってほめ返してもらうことを期待するという「投映的賞賛」が機能しているとも考えられています（尾見，2019）。

28　2007年の学校教育法の改正に規定され，その後の教育改革のキーワードとなっています。学力を「知識・技能」だけでなく，「思考力・判断力・表現力」，そして「主体性・多様性・協働性」の三つの要素から把握すべきという指針です。

います。そして，論理性という側面での言語の教育は，自発的に自らの意見を他者に伝えたり，その根拠とともに説得したりという際に重要な役割を果たしており，主体性の育成と密接に関連しているのです。

このように，加点主義と同様，主体性を育成するということは英語の4技能の向上にとどまらず，国語教育にも，そして学校や家庭での教育やしつけの側面においても求められることから，簡単なこととはいえないのです。たとえば，日本では「空気を読め」という言い方があるように，集団で何かを決める際に自分の意見を率直に述べることが疎ましがられることがあります。また，なんらかの決定に対して疑問をもったときにその理由をたずねても，論理的な回答が得られないことがあります。たとえば，中学生が教師に対して部活の練習に遅刻した理由を話し始めると，「言い訳は聞きたくない」といわれることもあるでしょうし，練習の仕方についての疑問を伝えると「いちいち説明させるな」と返されたりすることがあるかもしれません。

（尾見）

## 11　国語の授業への期待と文化の変革

英語の4技能の学習を有効に機能させるために，国語の授業にかけられる期待が大きいとはいえ，国語の授業を無尽蔵に増やすことは現実的ではありません。ですから，増やす場合には言語の側面に特化させる必要があるということになります。

また，やりとりする他者の存在を前提として，文章を論理的に作成したり，説得的に自分の意見を口頭で伝えたりする能力を育てるためには，まず，1学級あたり，あるいは教員一人あたりの児童・生徒の少人数化は不可避だと考えられます。一つの正解を導くための能力であれば多人数でもなんとかなるかもしれませんが，上述のような能力は個々の子どもたちの個性を生かす必要があるため，一人の教員が個別に対応する局面がそれだけ多くなるからです。これはたとえば，授業の中でクラス全員の生徒が一斉にスピーキングを行ったらどうなるかを想像するとわかると思います[29]。

個々の能力や技能も個性の一部とするなら，習熟度別の授業も個性に合わせた教育の一つといえるでしょう。日本でも最近は習熟度別クラス編成をする小学校や中学校が増えていますが，対象教科とされるのは数学となる場合が多く，国語の授業を習熟度別に実施している例はあまり多くありません（文部科学省，2009）。習熟度別授業をしている場合にも，その基準に漢字の得点を使っているところもあると聞きます。そもそも，国語の授業として，漢字習得や古文，漢文，そして道徳的なメッセージの伝達に一定の時間が割かれてしまっている現状が変わらないかぎり，文章を書く技能や他者に説得的に話す技能による習熟度別のクラス編成は現実的なものではないのかもしれません。他方，そもそも国語の授業は，子どもたちの個性が色濃く表れ，それらを育成する絶好の場であるように思われます。今後，外国語である英語に引っ張られる形で「国語」も「聞く」と「話す」を分けてとらえられ，文字の習得よりも，文章を論理的に作成したり，説得的に自分の意見を伝えたりする技能を育成するための時間を多くつくることが求められているように思います。

言語の側面を学ぶ時間を増やす一方で多少でも減らさなければならないとするなら，たとえば，はがきや手紙，そしてさまざまな文書を手書きで書くことが激減している時代に，これまでと同じように漢字の読み書きにコストをかけるべきかについては議論があってもいいようにも思います。書けないことよりも読めないことのほうが実生活で困るシーンが多いなら，漢字の学習も「読み」に重点化することを考えてもいいかもしれません。また，なかば無自覚的になされている道徳的内容の伝達を自覚したうえで，それに割いている時間を一定程度削減することも考えられるでしょう。さらに，高校では「書道」が「音楽」や「美術」などとならび芸術のなかの科目の一つとなっているくらいですので，書写とともに「国語」から切り離すということ

---

[29] 小学校の国語の授業で，教科書の一節をクラス全員で一斉に読み上げることがあると思いますが，あれは声を出してはいるもののスピーキングの実践とは言いがたいということになります。

もありうるように思います。

そして，国語の授業以外でも，正解主義，厳密主義，迅速主義（1章参照）の規範を少しでも緩めることで多様な個性を尊重することにつなげる必要があるように思います。たとえば，小テストを含めテストを実施する場合には，いわゆる客観テスト（同一の制限時間で同一の内容）はできるだけ減らし，一人ひとりのその時点での能力に応じて問いの内容を多様化したり，解答時間を多様化したりすることが考えられます。

また，言語を学ぶということは言語そのものだけでなく言語のもつさまざまな背景も含めて学ぶことになります。たとえば，「肯定か否定かを明確にする」ことは「ことば」の表出が変わるだけでなく，コミュニケーションのあり方を変えることにつながります。これまでなら，子どもたちが自分の意見を抑制すべきと思う場面でも，言語の教育いかんによって，率直な意見を抑制することなく発言することが常識になるかもしれません。とくに英語でコミュニケーションができることを目的にすると，ますますその傾向が高まるでしょう。もちろん，英語教育の充実は，英語をツールとしてアニメやゲームの日本文化をこれまで以上に海外に普及させるという方向もあると思いますが，同時に，それ以上に英語「文化」が流入してくるのだという覚悟が必要だと考えられるのです。

このように，英語の4技能の向上に向けた取り組みがこれから継続することは，結果として，学校教育のあり方や私たちの価値観や常識の変革が生じることにつながり，学校文化はもちろん，日本文化が変化することにつながるといっても過言ではないと思います。とはいえ，日本は歴史的に中国大陸からの影響を大きく受け続け，明治維新による脱亜入欧，第二次世界大戦の敗戦にともなうアメリカ文化の流入によっても，完全に欧州化や米国化しきることはありませんでした。英語話者流の価値観や振る舞い方が流入されたとしても，日本的なものが残ることはまちがいありませんし，日本文化が完全に破壊されるということもありえません。むしろ，この変革を楽しむことのほうが，日本人が伝統的に味わってきたことなのかもしれません。

（尾見）

# 引用・参考文献

## 1章

赤木和重（2017）．アメリカの教室に入ってみた――貧困地区の公立学校から超インクルーシブ教室まで．ひとなる書房．

Collier, V. P.（1995）. Acquiring a second language for school. *Directions in Language and Education, 1*（4）. Washington DC: National Clearinghouse for English Language Acquisition. Retrieved from http://www.thomasandcollier.com/assets/1995-v1-n4_ncela_acquiring_a_second_language__.pdf（April 19, 2019）

Common Core State Standards Initiative（2019）. Read the Standards. Retrieved from http://www.corestandards.org/read-the-standards/（April 19, 2019）

Cummins, J.（2008）. BICS and CALP: Empirical and theoretical status of the distinction. In: N. H. Hornberger（Eds.）, *Encyclopedia of language and education.* Boston, MA: Springer.

府川源一郎（1996）．国語科教科構造の構想をめぐって――横浜国立大学教育学部附属鎌倉小学校の教育課程の場合．横浜国大国語研究，14号，25-34．

福島隆史（2012）．国語が子どもをダメにする．中公新書ラクレ．

石原千秋（2005）．国語教科書の思想．ちくま新書．

柾木貴之（2016）．国語教育と英語教育の連携前史――戦後から1960年代までを対象に．言語情報科学，14号，71-87．

松下貞三（1963）．国語科教育三分野説について――言語教育を中心に．日本文学，12，600-608．

文部科学省（2016）．教育課程部会　言語能力の向上に関する特別チームにおける審議のとりまとめ．http://www.mext.go.jp/b_menu/shingi/chukyo/chukyo3/056/sonota/_icsFiles/afieldfile/2016/09/12/1377098.pdf

文部科学省（2017a）．小学校学習指導要領．http://www.mext.go.jp/component/a_menu/education/micro_detail/__icsFiles/afieldfile/2019/03/18/1413522_001.pdf

文部科学省（2017b）．中学校学習指導要領．http://www.mext.go.jp/component/a_menu/education/micro_detail/__icsFiles/afieldfile/2019/03/18/1413522_002.pdf

文部科学省（2019）．中学校学習指導要領．http://www.mext.go.jp/component/a_menu/education/micro_detail/__icsFiles/afieldfile/2019/03/18/1413522_002.pdf

中野育男（2009）．近世職業教育訓練の系譜．専修商学論集，*89*，127-141．

小笠原拓（2001）．成立過程に見る「国語科」の歴史的性格．国語科教育，*50*，

10-17.
Omi, Y. (2012). Collectivistic individualism: Transcending a traditional opposition. *Culture and Psychology, 18,* 403-416.
尾見康博（2019）．日本の部活：文化と心理・行動を読み解く．ちとせプレス．
清水義範（2002）．はじめてわかる国語．講談社．
添田晴雄（1992）．文字から見た学習文化の比較．石附　実（編）近代日本の学校文化誌．思文閣出版．pp.115-147.
枢密院会議議事録　第８巻　(1984)．東京大学出版会．
滝浪常雄（2013）．国語科における「話すこと・聞くこと」の指導の課題．安田女子大学紀要，41 号 , 207-216.
代慶達也（2017）．東大理三の３人に２人は「鉄緑会」最強塾の教え方． https://style.nikkei.com/article/DGXMZO23151210W7A101C1000000 (August 8, 2019)
WIDA (2014). English Language Development Standards. Retrieved from https://wida.wisc.edu/teach/standards/eld (February 6, 2017)

## 2章

Collier, V. P. (1995). Acquiring a second language for school. *Directions in Language and Education, 1* (4). Washington DC: National Clearinghouse for English Language Acquisition. Retrieved April 19, 2019 from http://www.thomasandcollier.com/assets/1995-v1-n4_ncela_acquiring_a_second_language__.pdf
Cummins, J. (2008). BICS and CALP: Empirical and theoretical status of the distinction. In: N. H. Hornberger (Eds.), *Encyclopedia of language and education.* Boston, MA: Springer.
Piaget, J. (1952). *The origins of intelligence in children* (Vol. 8, No. 5, pp.18-1952). New York: International Universities Press.
Piaget, J. (1976). Piaget's theory. In: B. Inhelder, H. H. Chipman & C. Zwingmann (Eds.), *Piaget and his school. Springer Study Edition.* Berlin, Heidelberg: Springer.
Poulette, S. T. (2017). Back to school: Listening required. Retrieved from https://wholebodylistening.org (February 6, 2017)
Truesdale, S. P. (Poulette) (1990). Whole-body listening: Developing active auditory skills. *Language, Speech, And Hearing Services In Schools,* Vol. 21, No. 3, 183-184.
Wallach, G. P. (2011). Peeling the onion of auditory processing disorder: A language/ curricular-based perspective. *Language, Speech, and Hearing Services in Schools, 42,* 273-285.
Zwiers, J., & Crawford, M. (2011). *Academic conversations: Classroom talk that fos-*

*ters critical thinking and content understandings.* Stenhouse Publishers.

## 3章

Bergmann, J., & Sams, A. (2012). *Flip your classroom: Reaching every student in every class every day.* International Society for Technology in Education.

Cabı, E. (2018). The impact of the flipped classroom model on students' academic achievement. *International Review of Research in Open and Distributed Learning, 19*(3), 202-221.

King, A. (1993). From sage on the stage to guide on the side. *College Teaching, 41*(1), 30-35.

Helgesen, S., & Goldsmith, M. (2018). *How women rise.* Hachette Books.

文部科学省（2018）．平成30年度「英語教育実施状況調査」概要．

Lenneberg, E. (1967). *Biological foundations of language.* New York: Wiley.

Morse, G. (2006). *Decisions and desire.* Harvard Business Review, Harvard Business Publishing.

中川 裕（2015）．IPA 国際音声字母（記号）．Retrieved from http://www.coelang.tufs.ac.jp/ipa/index.php (October 9, 2019)

Scovel, T. (1988). *A time to speak: A psycholinguistic inquiry into critical period for human speech.* Rowly: Newbury House.

Zwiers, J., & Crawford, M. (2011). *Academic conversations: Classroom talk that fosters critical thinking and content understandings.* Stenhouse Publishers.

## 4章

Common Core State Standards Initiative. (2018). English Language Arts Standards. Retrieve from http://www.corestandards.org/ELA-Literacy/ (July 20, 2018)

Ford, K. (2005). Fostering Literacy Development in English Language Learners. Retrieved December 28, 2019, from https://www.colorincolorado.org/article/fostering-literacy-development-english-language-learners

Hanover Research. (2014, November). Best Practices in K-12 Literacy Models. Retrieved December 28, 2019, from https://www.hanoverresearch.com/media/Best-Practices-in-K-12-Literacy-Models.pdf

## 5章

Common Core State Standards Initiative. (2018). Retrieved from http://www.corestandards.org (February 1, 2018)

Street, B., & Hornberger, N. H. (Eds.), (2008). ***Encyclopedia of language and education, 2nd edition, Volume 2: Literacy.*** pp.71-83. New York: Springer Science+Business Media LLC.

WIDA. (2014). English Language Development Standards. Retrieved from https://wida.wisc.edu/teach/standards/eld (February 6, 2018)

## 6章

東 洋・柏木恵子・R. D. ヘス (1981). 母親の態度・行動と子どもの知的発達：日米比較研究. 東京大学出版会.

法務省 (2019). 主な人権課題. Retrieved from http://www.moj.go.jp/JINKEN/kadai.html (October 15, 2019)

Lebra, T. S. (1974). ***Japanese patterns of behavior.*** Honolulu: University of Hawaii Press.

文部科学省 (2009). 平成20年度全国学力・学数状況調査分析結果. http://www.mext.go.jp/component/a_menu/education/micro_detail/__icsFiles/afieldfile/2015/12/10/1365027_2.pdf

文部科学省 (2017). 小学校学習指導要領. http://www.mext.go.jp/component/a_menu/education/micro_detail/__icsFiles/afieldfile/2017/05/12/1384661_4_2.pdf

森島泰則 (2015). なぜ外国語を身につけるのは難しいのか：「バイリンガルを科学する」言語心理学. 勁草書房.

中島和子 (1998/2016). (完全改定版) バイリンガル教育の方法. アルク.

尾見康博 (2019). 日本の部活：文化と心理・行動を読み解く. ちとせプレス.

佐藤淑子 (2001). イギリスのいい子 日本のいい子：自己主張とがまんの教育学. 中公新書.

# おわりに――筆者たちの小さな茶話会

尾見　本書の構想は，私がアメリカでの在外研究中に娘と息子が土曜日に通っていたボストン日本語学校で同じ保護者の立場として出会ったお二人（島津，丑丸）の現地での活動を拝見したり，現地でのお話をうかがったりしているうちにわきあがってきたものです。僭越な言い方になりますが，日本の事情，とくに英語教育事情を心配するお二人の声を日本に届けられるといいなという思いが原点にあります。

さて，本文中で島津さんが読書嫌いだったことを打ち明けていらっしゃいますが，実は私もずっと読書嫌いでした。書くのも嫌いで，読書感想文という課題は私にとって最悪の課題でもありました。島津さんと同様，やはり今でも当時の読書嫌いを少なからず引きずっています。そういう経験がアメリカ滞在中の娘や息子の国語（英語）教育に興味をもつことになったともいえますし，本書の企画のもう一つの動機にもなったといえます。丑丸さんは，読書は好きでしたか。

丑丸　裕福な家庭ではありませんでしたが，私の家は本にあふれ，本だけは好きなだけ読んで育ちました。文学部出身で教師だった母は，戦後の思春期に読書をしていると「家の手伝いをしなさい」と叱られるので隠れて小説を読んでいたそうです。その反動か，家には詩歌，児童書，小説，美術書，百科事典，漫画とさまざまな書籍があり，私も自分なりの嗜好はあるものの乱読の傾向があります。小学生のころには児童向け邦訳書の不自然な日本語に不満を覚えた思い出もあり，それが翻訳者になった原点かもしれません。

尾見　へえ，すごい小学生ですね。その小学生が日本の中学校で英語の授業を学んだというわけですね。

丑丸　中学で学び始めた英語は大好きな科目になりました。英語の発音が，私にはきれいな音楽のように感じられたのです。がんばって勉強し，NHKラジオ英会話を毎朝テープに録音して帰宅後に繰り返し聞きながら発音を練習しました。ただ，英語だけができてもだめだと思い，大学では物理学科に進み，夜空の星を見るのが大好きだったので宇宙物理学を専攻しました。専門性が高まるほど狭い領域に押し込められていくように感じるのはつらいことでしたが，サイエンス全般と英語への強い思いが，科学技術系の翻訳通訳やコンサルティングという仕事につながってきたのだと思います。

一方，英語で苦労している日本人を見るにつれ，みな一生懸命勉強しているのになぜ結果につながらないのか，何かできることはないかと長年模索してきた自分もいます。アメリカ出身の英会話コーチ，スティーブ・ソレイシィ先生（ソレイシィ研究所）とのご縁でNHKラジオの語学番組「英会話タイムトライアル」の制作にかかわらせていただいたのもそのような流れの中にあります。

尾見　島津さんはどういう経過をたどってESLの教員になったのですか。

島津　小学4年生の給食時に音読をして読書の大切さを説いてくださった高田千代子先生，中学生になり親との葛藤に悩んでいたときに「私が親と話をしよう」と常に私の味方になってくださった磯山諄子先生，「みんなと同じなんてつまらない」と個性を讃えて，今でも精力的に創作活動を続けておられる美術部顧問だった旗手愛子先生，そして高校時代に，常識なんて国がちがえば異なるもので真に何が大切かは自分の力で見極めるしかない，と批判的な考え方を教えてくださった中杉隆夫先生は，それぞれに私の人生を大きく変えてくださいました。だから私も恩師たちのような教師になりたいという夢をもっていましたが，日本での大学入試に失敗したこともあり，いったんは教師の夢をあきらめ，働きながらお金を貯めてアメリカに留学することになりました。アメリカで就職し，国際結婚し，ついには永住することになりましたが，英語を母国語としない私がまさかアメリカで教師になれるとは思ってもいませんでした。しかし，娘や息子たちが通う学校でボランティアをしているうちに英語が完璧でなくても子どもたちに教えられることはあると奮起し，大学院で教育学を学んで念願の教師になることができたというわけです。

尾見　そうなのですか。自分のことを振り返っても，お二人のご経歴をうかがっても，若いころの自分では想像もつかない人生を歩んだりするものですよね。その意味では，そのときに役に立ちそうだ，使えそうだと思うことを学ぶことは大事であると同時に，それ以外に何を学ぶかということもその後の人生に大きな意味をもつことにもなりそうですね。最後に，お二人からも読者の方々に一言ずつメッセージをいただけますか。

**丑丸**　多くの方が大きなストレスなく英語を身につけられるよう，本書が一助になることを願ってやみません。

**島津**　すべての子どもたちに，たくさんの人々から学び，夢を大きくもって世界へと羽ばたいてもらいたいです。

本書を閉じるにあたり，本書の刊行に向けて粘り強くお付き合いくださり，貴重なご助言をくださった金子書房の渡部淳子さんに心よりお礼申し上げます。

2020 年 1 月

執筆者一同

**尾見康博**（Yasuhiro Omi）
山梨大学大学院総合研究部教育学域教授。博士（心理学）。茨城県生まれ。東京都立大学人文学部助手等を経て現職。2002～2003年にグリフィス大学（豪州），2009～2011年にクラーク大学（米国）で客員研究員。専門は教育心理学，社会心理学。主要著作に『日本の部活』（ちとせプレス，2019年），*Lives and relationships: Culture in transitions between social roles*（Information Age Publishing, 2013年，共編著），『好意・善意のディスコミュニケーション』（アゴラブックス，2010年），『心理学論の誕生』（北大路書房，2000年，共著）。

**島津由以子**（Yuiko Shimazu）
米国マサチューセッツ州レキシントン公立マライア・ヘイスティングス小学校ESL教諭。兵庫県生まれ。日本の会社を退職後，1987年に渡米し，米国の大学にてコミュニケーション学部学士号，大学院にて小学教育学部修士号取得。2017年からマサチューセッツ州のESL教育の専門家組織である非営利団体MATSOL（Massachusetts Association of Teachers of Speakers of Other Languages）理事。日本語と英語の両方で，現地の学校や団体，ならびに，日本人の学校や団体で，英語教育および異文化理解を深めるためのセミナー講師などを精力的に実施。米国ボストン郊外在住。

**丑丸直子**（Naoko Ushimaru-Alsop）
全米翻訳者協会公認 英日翻訳者（翻訳通訳歴25年余）。サイエンス・キュレーター。科学技術・特許・ビジネス・教育など，専門性の高い分野を広くカバー。学術機関での日米科学イベントなども支援。2014～2019年にはNHKラジオ第2放送「英会話タイムトライアル」の番組制作メンバーとして日本人の英会話スキルを支援。名古屋大学で宇宙物理学の修士を取得後，渡米し国際結婚。子どものバイリンガル教育の悩みから，2010年より日系保護者サポートグループを共同運営。米国ボストン在住。

「使える英語」はなぜ身につかないか
英語4技能の文化的なハードル
2020年3月31日　初版第1刷発行　　　　検印省略

著　者　尾見康博
　　　　島津由以子
　　　　丑丸直子
発行者　金子紀子
発行所　株式会社 金子書房
〒112-0012東京都文京区大塚3-3-7
TEL03-3941-0111／FAX03-3941-0163
振替00180-9-103376
URL　http://www.kanekoshobo.co.jp

印刷／藤原印刷株式会社
製本／一色製本株式会社

ISBN978-4-7608-2847-0　C3037　　Printed in Japan